Nathalie Serban

Datengetriebenes Risikomanagement für Supply Chains

Ansätze, Technologien und Beispiele aus der Praxis

Bibliografische Information der Deutschen Nationalbibliothek:

Die Deutsche Nationalbibliothek verzeichnet diese Publikation in der Deutschen Nationalbibliografie; detaillierte bibliografische Daten sind im Internet über http://dnb.d-nb.de abrufbar.

Impressum:

Copyright © Studylab

Ein Imprint der Open Publishing GmbH

Druck und Bindung: Books on Demand GmbH, Norderstedt, Germany

Coverbild: Open Publishing | Freepik.com | Flaticon.com | ei8htz

Inhaltsverzeichnis

Abkürzungsverzeichnis

EDI	Electronic Data Interchange
ERP	Enterprise Resource Planning
IT	Informationstechnologie
KMU	Kleine und mittelgroße Unternehmungen
KonTraG	Gesetz zur Kontrolle und Transparenz im Unternehmensbereich
KPI	Key Performance Indicator
RFID	Radio Frequency Identification
SC	Supply Chain
SCM	Supply Chain Management
SCRM	Supply Chain Risikomanagement
SCRMP	Supply Chain Risikomanagementprozess

Abbildungsverzeichnis

1 Einleitung

Für Unternehmen hat sich das Wettbewerbsumfeld in den letzten Jahren signifikant verändert.[1] Die steigenden Anforderungen der Endkunden hinsichtlich Qualität, Preis und Verfügbarkeit sowie der zunehmende globale Wettbewerb veranlassen viele Unternehmen sich auf ihre Kernkompetenzen zu konzentrieren und die Fertigungstiefe zu verringern.[2] Infolgedessen müssen Unternehmen in noch stärkerem Maße auf die Fähigkeiten von Lieferanten in der Entwicklung und Fertigung von Produkten zurückgreifen, sich stärker mit anderen Unternehmen – Lieferanten und Kunden gleichermaßen – vernetzen und ihre Wertschöpfungsaktivitäten zunehmend international aufstellen. Die dadurch entstehenden, immer komplexer werdenden Zuliefernetzwerke („Supply Chains") sind durch einen steigenden Bedarf an unternehmensübergreifender Kooperation gekennzeichnet.[3] Das Ergebnis der engeren Zusammenarbeit stellen schlanke Netzwerke mit reduzierten Beständen, hoch ausgelasteten Kapazitäten und optimierten Durchlaufzeiten dar. Zahlreiche Schadensfälle in den letzten Jahren machen jedoch deutlich, dass bei einem zunehmend volatilen Umfeld eine einseitige Ausrichtung auf schlanke Supply Chains auch eine Kehrseite mit sich bringt. Wird der Fokus nämlich primär auf die Effizienz statt auf Effektivität gerichtet, erhöht sich nicht nur die Produktivität, sondern auch die Verwundbarkeit der Netzwerke.[4] Diese Verwundbarkeit gegenüber Supply Chain Risiken gefährdet häufig den dauerhaften Erfolg des Supply Chain Managements. Welche weitreichenden Folgen Störungen in der Supply Chain auf Unternehmen haben können, zeigt ein Lieferantenausfall bei Ericsson im Jahre 2004. Hier führte ein Feuer in der Produktionszelle bei einem Mikrochip-Hersteller zu einem dreiwöchigen Produktionsstillstand. Ericsson setzte im Zuge von Supply Chain Optimierungsmaßnahmen auf Single Sourcing und strich somit alle Alternativlieferanten. Mangels alternativer Beschaffungsquellen fehlten bei einer boomenden Verkaufsphase im Mobiltelefonsektor Millionen von Chips, wodurch es zu einem mehrmonatigen Produktionsrückgang und einem damit verbundenen geschätzten Verlust von 400 Millio-

---

[1] Vgl. Wagner, S. M.; Kemmerling, R. et al. (2010), S. 97
[2] Vgl. Busch, Axel; Dangelmaier, Wilhelm (2004), S. 113
[3] Vgl. Kersten, W.; Hohrath, P. et al. (2008), S. 8
[4] Vgl. Kersten, W.; Hohrath, P. et al. (2008), S. 8

nen US-Dollar kam.[5] Aus der Erfahrung, welche die Firma Ericsson machen muss-te, können einige Erkenntnisse gezogen werden. Zunächst ist es überraschend wie anfällig große Konzerne für relativ kleine Ereignisse sein können. So verursachte ein zehn minütiges Feuer Verwüstung und Schäden in Millionenhöhe. Außerdem können Organisationen von Ereignissen betroffen sein, welche weit entfernt sind und über die sie keine Kontrolle besitzen. In diesem Beispiel hatte ein kleines Feuer in einer US-Fabrik einer holländischen Firma katastrophale Auswirkungen für ein schwedisches multinationales Unternehmen.[6] Insbesondere wird daraus deutlich, dass Ericsson keine Kenntnis über den Umgang mit unvorhergesehenen Ereignissen besaß und nicht wusste, wie in so einer Situation zu reagieren ist. Das deutet darauf hin, dass das Unternehmen keine Pläne für den Umgang mit Risiken hatte.

Eine Möglichkeit, die Verwundbarkeit von Supply Chains zu reduzieren, stellen Ansätze des interorganisatorischen Risikomanagements dar. In der klassischen Ausprägung des Managements von Risiken und Komplexität konzentrieren sich Unternehmen allerdings weitestgehend auf den intraorganisationalen Kontext und suchen keinen risikofokussierten Austausch mit direkten Lieferanten und Kunden oder gar über die unmittelbaren Partner in der Supply Chain hinaus.[7] Von Lieferantenbewertungen, Qualitätsaudits und Bonitätsprüfungen von Neukunden abgesehen findet eine explizite Berücksichtigung von Supply Chain Risiken kaum statt.[8] Ein häufig genannter Grund dafür ist, dass eine mangelnde Verfügbarkeit von Daten bzw. wichtigen Informationen über mehrere Wertschöpfungsstufen hinweg, herrscht.[9] Das Resultat davon sind intransparente Supply Chains, in de-nen Risiken schwer zu identifizieren und zu steuern sind.

---

[5] Vgl. Pöhlmann, K.-H. (2016), S. 16
[6] Vgl. Waters, D. (2011), S. 3
[7] Vgl. Wagner, S. M.; Kemmerling, R. et al. (2010), S. 98
[8] Vgl. Wagner, S. M.; Kemmerling, R. et al. (2010), S. 98
[9] Vgl. GT Nexus (2016), S., S. 9

1.1 Zielsetzung der Arbeit

Das Ziel der vorliegenden Arbeit ist es, bestehende Risikomanagementansätze im Bereich des Supply Chain Managements hinsichtlich der Nutzung von automatisierten Datenströmen zu analysieren und zu evaluieren, sowie im darauffolgenden Schritt entsprechend zu erweitern.

Um dieses Ziel zu erreichen, werden zunächst bestehende Risikomanagementansätze analysiert und evaluiert, wobei der Supply Chain Risikomanagementprozess und die innerhalb der Teilprozesse verwendeten Methoden als Bezugsgegenstände dienen. Darauf aufbauend werden die Schlüsseltechnologien zur Umsetzung eines datengetriebenen Risikomanagementansatzes für Supply Chains herausgefiltert und untersucht. Die Erkenntnisse daraus dienen zur Umsetzung eines konzeptionellen Modells für einen datengetriebenen Supply Chain Risikomanagementansatzes. Die dadurch gegebenen Möglichkeiten werden anhand von Beispielen evaluiert. Die Arbeit endet mit einer Zusammenfassung.

1.2 Gang der Untersuchung

Basierend auf der aufgezeigten Zielsetzung wird nachfolgend der Gang der Untersuchung aus ablauforientierter Sicht dargestellt. Die Herangehensweise gliedert sich in insgesamt acht Kapitel. Jedes Kapitel wird mit einer knappen Zusammenfassung abgeschlossen.

Nach der Einleitung werden in Kapitel 2 die Kernelemente des Supply Chain Managements thematisiert. Dazu werden, aufbauend nach der Begriffsbestimmung von Supply Chains (Kapitel 2.1), die übereinstimmenden Definitionsmerkmale des Supply Chain Management aufgeführt (Kapitel 2.2). In Kapitel 2.3 werden, ausgehend von dem Problem der Nachfrageschwankungen, die spezifischen Ziele für das Supply Chain Management abgeleitet, die zur Lösung der Nachfrageschwankungen entlang einer Supply Chain beitragen sollen. Daran anschließend folgt die Nennung des Aufgabenspektrums des Supply Chain Managements mit den Teilgebieten „Supply Chain Strategy & Design" (Kapitel 2.4.2) und „Supply Chain Planning & Execution" (Kapitel 2.4.3), welche sich nach dem übergeordneten Ziel der Wettbewerbsfähigkeit (2.4.1) richten.

Ausgehend von den Erkenntnissen aus Kapitel 2, welche insbesondere die Unsicherheiten und kurzen Reaktionszeiten innerhalb einer Supply Chain betreffen, wird das dritte Kapitel eingeleitet, bei dem es um die Kernelemente des Risikomanagements geht. Zunächst wird aufgezeigt, was unter dem Risikobegriff (Kapitel 3.1) und dem Risikowert (Kapitel 3.2) in der gängigen Literatur verstanden wird. Im Anschluss folgt die Auseinandersetzung mit dem Risikomanagement (Kapitel 3.3), dessen Grundstruktur (3.3.1) und dem Risikomanagementprozess (Kapitel 3.3.2). Zum Risikomanagementprozess werden die Teilphasen Risikoidentifikation, Risikoanalyse und -bewertung, Risikosteuerung sowie Risiko- und Maßnahmenüberwachung näher erläutert. Im Anschluss daran wird das Risikomanagementsystem mit seinen Komponenten aufgezeigt (Kapitel 3.4).

Im vierten Kapitel findet eine erste Reflektion und Zusammenführung der Kernelemente des Supply Chain Management (Kapitel 2) und die des Risikomanagements (Kapitel 3) statt. Dabei wird ausgehend von dem Risikobegriff aus Kapitel 3.1 eine adäquate Definition des Supply Chain Risikobegriffs hergeleitet. Anschließend wird das Supply Chain Risikomanagement[10] mit dem internen Risikomanagement verglichen und auf Herausforderungen zur Umsetzung eines unternehmensübergreifenden Risikomanagements hingewiesen (Kapitel 4.2). Kapitel 4.3 befasst sich mit einem Systematisierungsansatz für Supply Chain Risiken. In Kapitel 4.4 werden die heutigen Risikotreiber einer Supply Chain erörtert und die daraus resultierende Verwundbarkeit für die einzelnen Unternehmen aufgezeigt. Kapitel 4.5 behandelt die Wichtigkeit einer risikobezogenen Zielsetzung im SCM, welche die Basis für den Risikomanagementprozess darstellt. Von dem idealtypischen Risikomanagementprozess aus Kapitel 3.3.2 abgeleitet, stellt Kapitel 4.6 klassische Methoden und Beispiele des Supply-Chain-Risikomanagement-Prozesses dar.

In Kapitel 5 werden die bestehenden Risikomanagementansätze und -methoden in Supply Chains analysiert und evaluiert. Dazu werden die Hindernisse für die Adoption eines unternehmensübergreifenden Supply-Chain-Risikomanagements untersucht (Kapitel 5.1). Daraus ableitend werden die fehlende Transparenz und die Komplexität im Umgang mit den unternehmensübergreifenden Daten im Rahmen dieser Arbeit als eine der Haupthindernisse im Laufe der Arbeit weiter betrachtet. Daran anschließend werden die Grenzen der Methoden im Supply Chain Risikomanagements, wie sie in Kapitel 4.6 dargestellt sind, evaluiert. In Kapitel 5.1.2 wird das Hauptaugenmerk auf die derzeitig herrschende Datengenerierung und -verfügbarkeit entlang einer Supply Chain gelegt und dahingehend un-

---

[10] In dieser Arbeit wird der Begriff Supply-Chain-Risikomanagement als Synonym für ein unternehmensübergreifendes Risikomanagement verwendet.

tersucht. Kapitel 5.1.3 widmet sich der Thematik der Nutzung von verschiedenen Datenquellen und zeigt einen Ansatz auf, Daten zu kategorisieren.

Kapitel 5.2 nimmt die Auswirkungen der Digitalisierung auf Supply Chains als Betrachtungsgegenstand, wobei hier der aktuellen Stand und die Entwicklung zur Umsetzung dieser Technologien in den Liefernetzwerken untersucht werden.

Im Anschluss daran werden in Kapitel 6 die Schlüsseltechnologien für ein datengetriebenes Risikomanagement vorgestellt und untersucht. Dabei wird der Übergang von Daten zu Informationen dargelegt und informationsverarbeitende Technologien vorgestellt. Durch die gewonnenen Erkenntnisse wird in Kapitel 7 ein konzeptionelles Modell eines datengetriebenen Risikomanagement-Ansatzes für Supply Chains erstellt, wobei der Fokus auf die Erweiterung der derzeit gängigen Methoden im Risikomanagement gelegt wird. Durch die Konzeption soll die Wirkungsweise auf die Informationsasymmetrien und daraus abgeleitete mangelnde Transparenz, sowie die Komplexität innerhalb einer Supply Chain untersucht werden. Der Fokus wird dabei auf die Aufbereitung und Nutzung von Daten entlang einer Supply Chain gerichtet. Die neuen Technologieansätze werden dabei als Möglichkeiten zur Umsetzung eines solchen datengetriebenen unternehmensweiten Risikomanagements gekennzeichnet. Zum konzeptionellen Entwurf des datengetriebenen Supply Chain Risikomanagements wird der idealtypische Risikoprozess herangezogen und für jede Teilphase die Auswirkungen der neuen Technologien durchdacht und beurteilt. Die Erkenntnisse daraus, sollen die Wirkungsweise auf die Haupthindernisse der fehlenden Transparenz und der Komplexität im Umgang mit unternehmensweiten Daten aufzeigen.

Mit einer Zusammenfassung wird diese Bachelorthesis vervollständigt und abgeschlossen.

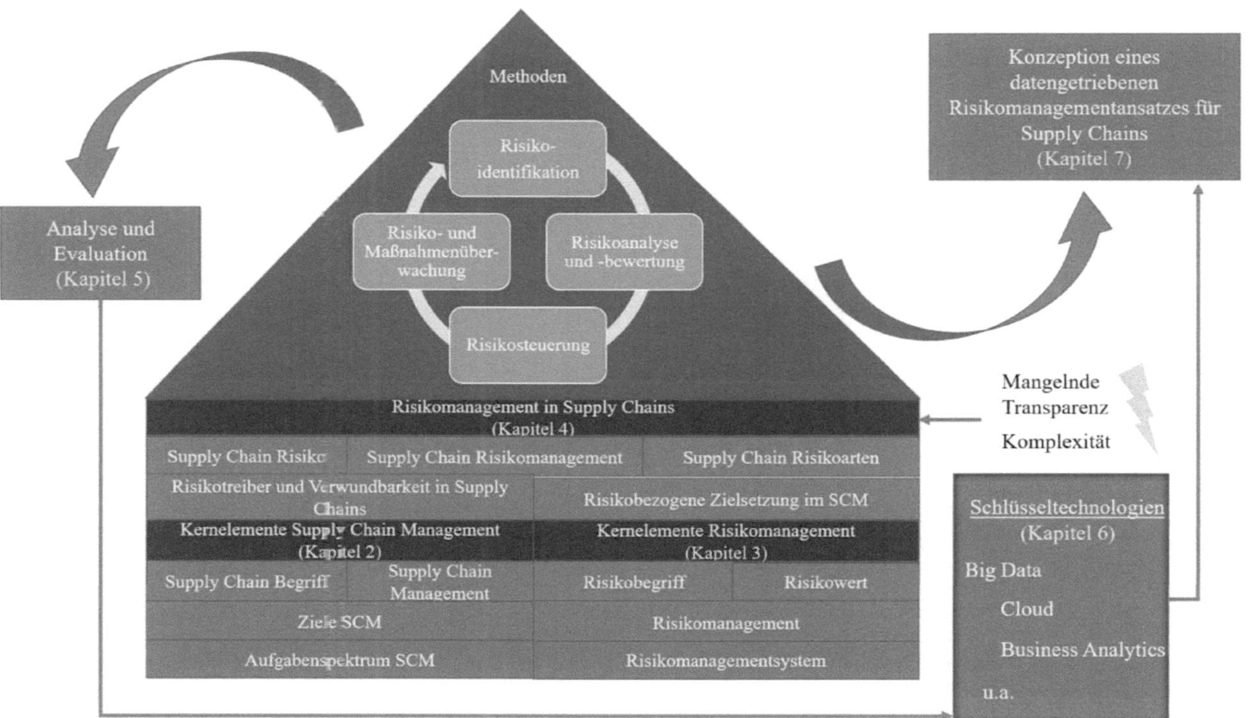

Abbildung 1: Aufbau der Arbeit
(Quelle: Eigene Darstellung)

2 Kernelemente Supply Chain Management

In Zeiten der Globalisierung stehen nicht mehr nur einzelne Unternehmen im Wettbewerb. Vielmehr herrscht ein Kampf um die Marktanteile zwischen ganzen Wertschöpfungsketten.[11] Diese Entwicklung ist hauptsächlich darin begründet, dass die wertschöpfenden Prozesse nicht mehr an der eigenen Unternehmensgrenze beginnen und enden, sondern sich über die gesamte Lieferkette vom ersten Rohlieferanten bis hin zum Endkunden erstrecken.[12] Die Leistungserstellung selbst ist damit nicht nur von unternehmensinternen Faktoren abhängig, sondern wird, aufgrund der vermehrten Konzentration auf Kernkompetenzen, in hohem Maße von Unternehmen der vor- und nachgelagerten Wertschöpfungsstufen beeinflusst.[13] Zur Optimierung dieser Netzwerke (oder auch Supply Chains) wurde das Konzept des Supply Chain Managements errichtet, welches erstmalig in einem Aufsatz von Oliver und Weber im Jahre 1982 erwähnt wurde.[14]

Um eine theoretische Grundlage für die Thematik herzustellen, sollen im Rahmen dieses Kapitels die zentralen Kernelemente des Supply Chain Managements aufgezeigt werden.

2.1 Begriffsbestimmung Supply Chain

Um in das Thema des Supply Chain Managements einzusteigen, gilt es zunächst zu klären, was unter einer Supply Chain verstanden wird.

Es haben sich vielfältige Definitionen um den Supply-Chain-Begriff herausgebildet.[15] Übersetzt bedeutet der Begriff „Versorgungs- bzw. Logistikkette", wobei man mit dieser direkten Übersetzung der eigentlichen Bedeutung dieses Begriffes noch nicht gerecht wird, denn die Supply Chain behandelt nicht nur die Lieferprozesse, sondern geht von der Vorstellung aus, dass die Wertschöpfung in Stufen erfolgt[16]; dies wird durch den Begriff „Chain" suggeriert. Es handelt sich damit um eine Folge von verknüpften Entscheidungsträgern.[17] Jede Stufe bzw. jedes Unter-

---

[11] Vgl. Kersten, W.; Hohrath, P. (2008), S. 43

[12] Vgl. Baumgarten, H.; Darkow, I.-L. (2004), S. 93

[13] Vgl. Czaja, Lothar (2009), S. 2

[14] Vgl. Oliver, R. K.; Webber, D., S.7

[15] Vgl. Werner, H. (2002), S. 4

[16] Vgl. Busch, A.; Dangelmaier, W. et al. (2013), S. 5

[17] Vgl. Busch, A.; Dangelmaier, W. et al. (2013), S. 5

nehmen erstellt einen Output, welcher der nächsten Stufe als Input dient. Ein Produkt durchläuft dabei die Supply Chain vom Rohstofflieferanten bis zum Endkonsumenten, wobei oftmals eine Verknüpfung von mehreren Lieferanten und deren Produkten besteht. Aus diesem Grund wird auch anstelle von Ketten von Netzwerken gesprochen.[18] Ein wesentlicher Unterschied zur Logistikkette ist, dass in einer Supply Chain Entscheidungen nicht von den einzelnen Teilnehmern getroffen werden, sondern durch ein gemeinsames Management.[19] Bedeutende Merkmale eines solchen Netzwerkes stellen zudem die gemeinsamen Ziele, unabhängige Mitglieder, freiwillige Beteiligung, klare Verteilung von Funktionen und Verantwortungen und die Integration unterschiedlicher Arbeitsstufen dar.[20]

Eine Supply Chain beschränkt sich nicht nur auf die Interaktion mit dem Lieferanten, sondern schließt auch die erforderliche Koordination mit dem Kunden ein.[21] Um Märkte bzw. Kunden effektiv und effizient zu versorgen, wird in einer Supply Chain eine Abfolge von Aktivitäten ausgeführt. Die Kette besteht dabei zum einen aus physischen Aktivitäten, wie beispielsweise dem Produzieren oder Lagern von Gütern, als auch aus begleitenden, nicht-materiellen Aktivitäten.[22] Jede physische Warenbewegung wird durch den Fluss von Informationen ausgelöst, durch diesen gesteuert und durch den Finanzfluss[23] abgeschlossen[24] (siehe Abbildung 2).

---

[18] Vgl. Busch, A.; Dangelmaier, W. et al. (2013), S. 6

[19] Vgl. Corsten, H.; Gössinger, R. (2008), S. 83

[20] Vgl. Stüllenberg, F. (2005), S. 12

[21] Vgl. Busch, A.; Dangelmaier, W. et al. (2013), S. 5

[22] Vgl. Busch, A.; Dangelmaier, W. et al. (2013), S. 5

[23] Informations- und Finanzfluss fallen dabei unter den Bereich der nicht-materiellen Aktivitäten.

[24] Vgl. Göpfert, I. (2004), S. 30

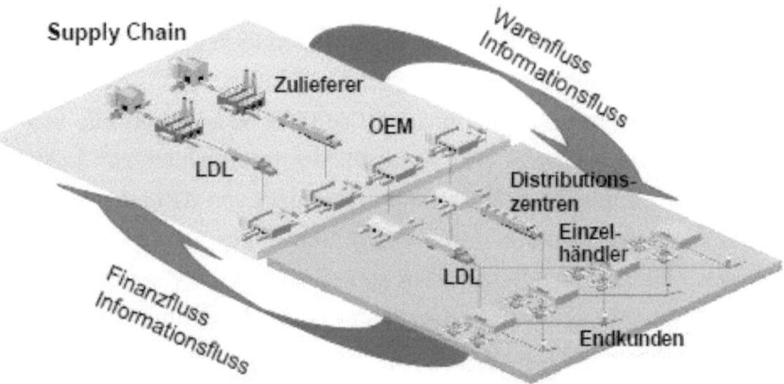

Abbildung 2: Typische Supply Chain mit Waren-, Finanz-, und Informationsfluss
(Quelle: Meinke, A. (2007), S. 13)

Im Gegensatz zum Warenfluss, welcher zumeist vorwärtsgerichtet (d.h. von den Lieferanten zu den Kunden) betrachtet wird, fließen Informationen in beide Richtungen der Supply Chain. Sobald eine Unterbrechung im Informationsfluss herrscht, gehen die Steuerungsmöglichkeiten für den Materialfluss verloren und es entsteht eine Situation der Unsicherheit.[25] Die Folgen dieser Unsicherheit werden im weiteren Verlauf der Arbeit konkretisiert.

2.2 Supply Chain Management

Wie gerade aufgezeigt wurde, handelt es sich bei einer Supply Chain um ein Netzwerk unterschiedlicher Partner. Während bisher die einzelnen Unternehmen weitgehend losgelöst voneinander standen, gilt es in einer Supply Chain die Schnittstellen[26] zwischen den Partnern zu gestalten.[27] Diese Aufgabe unterliegt dem Supply Chain Management, für das zunächst die begriffliche Verständlichkeit erarbeitet werden soll.

Im Rahmen einer begrifflichen Erklärung zum Supply Chain Management existieren zahlreiche, mehr oder minder divergierende Definitionen.[28] Die Begriffsdis-

---

[25] Vgl. Traunfellner, A. (2003), S. 1

[26] Schnittstellen sind zeitlich und räumlich lokalisierbare Punkte in der Prozesskette, an denen der Output eines Prozesses als Input an den nachfolgenden Prozess übergeben wird. (Vgl. Otto, A.; Kotzab, H. (2001), S. 137)

[27] Vgl. Vahrenkamp, R.; Kotzab, H. (2012), S. 26

[28] Vgl. Braun, D. (2012), S. 10

kussion ist bislang nicht zu einem einheitlichen Ergebnis gekommen.[29] *Baumgarten* definiert das Supply Chain Management als ganzheitliches Logistik-Management von Unternehmen einer Wertschöpfungskette.[30] Der Fokus hier liegt auf der unternehmensübergreifenden Steuerung der physischen Prozesse. Bei *Kugeler* beinhaltet das Supply Chain Management etwas umfassender die Planung, Steuerung, Durchführung und Kontrolle der gesamten Wertschöpfungskette von der Rohstoffgewinnung bis hin zum Endkunden, unter Berücksichtigung der Material-, Informations- und Finanzflüsse.[31]

Trotz unterschiedlichen begrifflichen Klärungen, ist im Hinblick auf drei Definitionsmerkmale des Supply Chain Management ein Konsens festzustellen[32]:

- *Hohe Integration der betrieblichen Funktionen:* Allgemein akzeptiert scheint der Gedanke, dass im Supply Chain Management, basierend auf der Wertschöpfungskette (Value Chain) [33] von Michael E. Porter[34] eine Integration von Unternehmensaktivitäten stattfindet.[35] Die Gestaltung von Waren- und hierzu notwendigen Informationsflüssen zwischen den kooperierenden Unternehmen soll nicht hinsichtlich einzelner isolierter Interessen erfolgen.[36] Vielmehr sollen die Funktionen integriert betrachtet werden. Ziel der Integration ist die Herstellung einer Supply-Chain-weiten Transparenz über aktuelle Bedarfe, Bestände, Kapazitäten und Prozesszustände.[37] Die Schaffung von Transparenz in globalen Lieferketten wird gegenwärtig mit dem Begriff *Supply Chain Visibility* beschrieben.

- *Hohe Kundenorientierung:* Mit dem Supply Chain Management werden besonders die Ziele verfolgt, welche zu einer höheren Befriedigung der Kundenbedürfnisse führen.[38]

---

29 Vgl. Wellbrock, W. (2015), S. 24
30 Vgl. Baumgarten, H. (2004), S. 52
31 Vgl. Kugeler, M. (2003), S. 469
32 Vgl. Stadtler, H.; Kilger, C. (2005), S.9f.
33 Die Wertschöpfung misst dabei die selbst erstellten Leistungen einer Unternehmung, abzüglich erbrachter Vor- und Fremdleistungen. (Quelle: Vgl. Werner, H. (2013), S. 5)
34 Vgl. Porter, M. E. (2014), S. 63-96
35 Vgl. Werner, H. (2013), S. 5
36 Vgl. Fettke, P. (2007), S. 421
37 Vgl. Busch, Axel; Dangelmaier, Wilhelm (2004), S. 3
38 Vgl. Fettke, P. (2007), S. 421

- *Unternehmensübergreifende Betrachtung*: *Rümenapp* erkennt, 17 SCM-Definitionen analysierend, einen Konsens bezüglich einer unternehmensübergreifenden Perspektive.[39] Eine aktive Gestaltung zur Kopplung der Prozesse unterschiedlicher Unternehmen und ein kooperativer Charakter rücken folglich in den Mittelpunkt der Betrachtung; es erfolgt die Planung, Steuerung und Koordination der gesamten Supply Chain, was zu einer Optimierung des Gesamtsystems führt.[40]

Neiger et al. fassen den Begriff des SCM kurz als ein Netzwerk von Geschäftsprozessen, das zur Zufriedenstellung des Endkunden mit Produkt/Dienstleistung in der gewünschten Quantität, Qualität und zum gewünschten Zeitpunkt erforderlich ist.[41]

2.3 Ziele des Supply Chain Management

Basierend auf der vorgenommenen Begriffsklärung des Supply Chain Management soll nun ergründet werden, was die Ziele des SCM sind.

Im Allgemeinen stellen Ziele den Ausgangspunkt zur Generierung und Beurteilung von Handlungsalternativen dar und gelten als Voraussetzung zur Entscheidungsfindung.[42] Um eine eindeutige Messbarkeit zu erreichen, sollten Ziele nach Möglichkeit quantifizierbar sein.[43] Werden mehrere Ziele verfolgt, gilt es zu untersuchen, in welcher Beziehung diese Ziele zueinanderstehen. Zum einen kann zwischen mehreren Zielen eine konkurrierende Zielbeziehung herrschen. Folgerichtig führt die Erfüllung von Ziel eins zu einer Senkung des Zielerreichungsgrades von Ziel zwei.[44] Zum anderen kann zwischen Zielen eine harmonische bzw. komplementäre Zielbeziehung existieren, wobei eine Erhöhung des Zielerreichungsgrades von Ziel eins zu einer Erhöhung des Zielerreichungsgrades von Ziel zwei beiträgt.[45] Eine antinome Zielbeziehung herrscht wenn sich Ziele gegenseitig

---

[39] Vgl. Rümenapp, T. (2013), S. 126-132

[40] Vgl. Vahrenkamp, R.; Kotzab, H. (2012), S. 26

[41] Vgl. Neiger, D.; Rotaru, K. et al. (2009), S. 155

[42] Vgl. Stewens, M. (2005), S. 72

[43] Vgl. Lenz, T.; Neumann-Szyschka, P.D.J. et al. (2008), S. 125

[44] Vgl. Arndt, H. (2013), S.109

[45] Vgl. Arndt, H. (2013), S.109

komplett ausschließen; indifferente Ziele beeinflussen sich gegenseitig nicht[46] (siehe Abbildung 3).

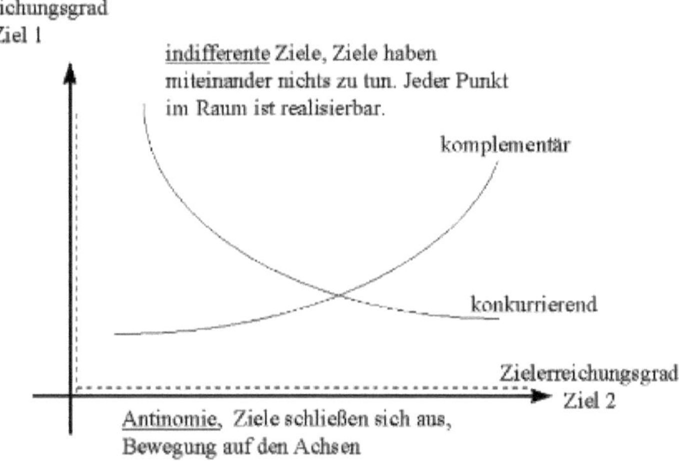

Abbildung 3: Zielbeziehungen
(Quelle: BWL leicht gemacht (2015))

Bei der Festlegung von SCM- Zielen sollten die unterschiedlichen Zielsetzungen der SCM-Mitglieder berücksichtigt werden, denn die Akteure einer Supply Chain bilden ein heterogenes Interessenbündel ab[47], bestehend aus Lieferanten, Hersteller, Händler, Distributoren, Dienstleister und Kunden.

Das allgemeine Kernziel des SCM ist die Erschließung von unternehmensübergreifenden Erfolgspotentialen.[48] Durch die kooperative Zusammenarbeit, [welche als Merkmal des SCM in Kapitel 2.2 festgelegt wurde: Anm. d. Verf.], können diese Erfolgspotentiale erreicht werden.[49] Statt auf kurzfristige Kontrakte wird auf eine langfristige Zusammenarbeit gesetzt, welche gezielt die Schnittstellen verbessert und somit für einen abgestimmten Informationsaustausch und Warenfluss sorgt.[50] Um diesen Schnittstellenübergang zu optimieren, bedarf es langfristiger

---

[46] Vgl. Arndt, H. (2013), S.110

[47] Vgl. Werner, H. (2013), S. 29

[48] Vgl. Lenz, T.; Neumann-Szyschka, P.D.J. et al. (2008), S. 31

[49] Vgl. Lenz, T.; Neumann-Szyschka, P.D.J. et al. (2008), S. 31

[50] Vgl. Vahrenkamp, R.; Kotzab, H. (2012), S. 29

Verträge, ausgereifter Unternehmensübergreifende Informationssysteme mit Standardprotokollen (EDI), einer Vereinheitlichung von Prozessen in der gesamten Supply Chain, sowie gemeinsamer Kapazitätsplanung und effizienter Produktsteuerung mittels Vorabinformationen.[51] Die Optimierung dieser Informations- und Warenflüssen, als weiteres Merkmal des SCM, ist unmittelbarer Gegenstand des Hauptmotivs zum Übergang ins SCM: die Lösung des Bullwhip-Effekts.

Unter dem Bullwhip-Effekt (auch Peitschenschlag- oder Forrestereffekt) versteht man die Problematik, dass es in inter-organisatorischen Wertschöpfungsketten zu Nachfrageverzerrungen bzw. -aufschaukelungen kommen kann und sich diese über die Stufen der Supply Chain erhöhen.[52] Auch wenn eine konstante Nachfrage der Endkunden vorliegt, schaukeln sich die Bestellmengen über den Handel, über die Hersteller bis hin zu den Lieferanten und Vorlieferanten auf.[53] Diese Nachfrageverzerrungen resultieren aus einem Zeitverzug im Informationsfluss und daraus, dass die Nachfrage des Kunden nicht direkt an die Lieferanten/Hersteller übermittelt wird.[54] Die fehlende Bedarfstransparenz innerhalb der Wertschöpfungskette bewirkt also, dass neue Bedarfe nicht sofort an alle vorangeschalteten Lieferanten weitergegeben werden. Erst wenn ein Lieferant seine Bedarfe errechnet hat, gibt er diese an seinen Sub-Lieferanten weiter, was für jedes Glied der Supply Chain gilt und sich bis zum Ende der Kette fortsetzt. Die Zeitspanne zwischen einer Bedarfsänderung und der Reaktion der Lieferanten führt dazu, dass beispielsweise trotz signifikant angestiegenem Bedarf bei den nachgelagerten Gliedern der SC vorerst immer noch nach den alten Bedarfen produziert wird.[55] Das Resultat ist je nach Minder- oder Mehrbedarf ein Rück- oder Überbestand. In Abbildung 4 ist eine mehrstufige Supply Chain mit dem Bedarfsverlauf der Kunden und der Reaktionszeit der einzelnen Stufen dargestellt. Man erkennt, dass bereits kleine Schwankungen der Endkundennachfrage zu bedeutsamen Auftragsmengen- und Lagerbestandsschwankungen in weiter Richtung vorgelagerter Stufen führen können.

---

[51] Vgl. Vahrenkamp, R.; Kotzab, H. (2012), S. 29

[52] Vgl. Lenz, T.; Neumann-Szyschka, P.D.J. et al. (2008), S. 32

[53] Vgl. Lenz, T.; Neumann-Szyschka, P.D.J. et al. (2008), S. 32

[54] Vgl. Lenz, T.; Neumann-Szyschka, P.D.J. et al. (2008), S. 32

[55] Vgl. Völklein, T. (2005), S. 15

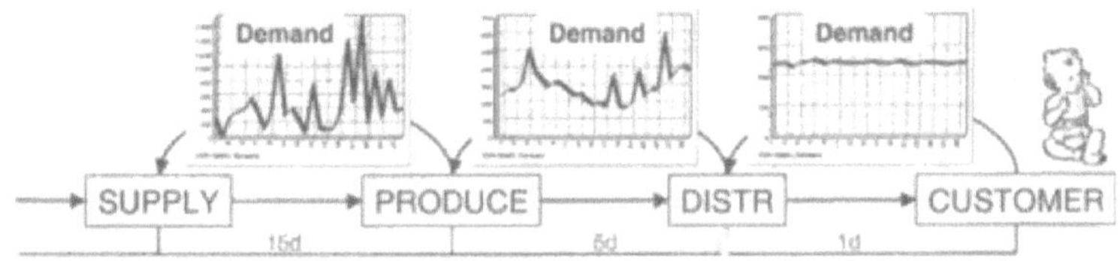

Abbildung 4: Reaktionszeiten und Bedarfsverlauf einer mehrstufigen Supply Chain (Quelle: Jürgens, D.; Grünert, T. (2013), S. 85)

Zu den Folgen des Bullwhip-Effekts zählt neben einer schlechten Reaktionsfähigkeit auf Nachfrageänderungen insbesondere der Aufbau von überhöhten Sicherheitsbeständen entlang der Supply Chain, welche zur Abfederung der entstehenden Mengenschwankungen genutzt werden.[56] Als Folge ergeben sich erhöhte Lager- und Bestandskosten bzw. Fehlmengenkosten und Kosten durch Leerkapazitäten.[57]

Ausgehend von dem Problem der Nachfrageverzerrung bzw. Nachfrageaufschaukelung werden spezifische Ziele für das SCM abgeleitet, die zur Lösung des Bullwhip-Effekts beitragen sollen. Dazu zählen[58]:

- Bereitstellung eines einheitlichen Informations- und Kommunikationssystems,

- gemeinsamer Datenbestand,

- konsequente Orientierung an der Nachfrage der Kunden,

- Kundeneinbindung,

- globale Sicht auf verfügbare Bestände/Ressourcen,

- Bestandsabbau,

- Verbesserung der Kapazitätsausnutzung,

- Flexibilisierung der Ressourcen,

- Verbesserung der Lieferbereitschaft sowie

- Umsatzsteigerung und gleichzeitig Verbesserung der Rendite.

---

[56] Vgl. Karrer, M. (2006), S. 25

[57] Vgl. Karrer, M. (2006), S. 25

[58] Lenz, T.; Neumann-Szyschka, P.D.J. et al. (2008), S. 33

Die klassischen logistischen Ziele wie Reduzierung der Durchlaufzeiten, Verringerung der Lagerbestände und Erhöhung der Liefertreue[59] korrespondieren mit den oben aufgeführten Einzelzielen und können im Rahmen des SCM zu folgenden Oberzielen zusammengefasst werden[60]:

1) Erhöhung des Servicegrades[61] für die Endverbraucher,

2) durchgängige Kostensenkung auf allen Wertschöpfungsstufen (Bestands-, Material-, Fertigungs- oder Produktentwicklungskosten), sowie

3) Erhöhung der Flexibilität bzw. Entwicklungsfähigkeit der Supply Chain.

Alle aufgeführten Punkte zielen darauf ab, die Differenz aus dem Wert des Endprodukts für den Kunden und den Gesamtkosten der Supply Chain, die zur Erstellung dieses Produktes aufgewendet wurden, zu erhöhen. Aufgrund der Möglichkeit von beispielsweise flexibler Preisanpassung oder Investitionen in neue Technologien kann die angesprochene Differenz maximiert werden und zu einer Verbesserung der strategischen Position gegenüber dem Wettbewerb am Markt führen.[62] Nach *Stadtler* und *Kilger*[63] wird die Stärkung der Position gegenüber dem Wettbewerb als Steigerung der Wettbewerbsfähigkeit bezeichnet und als übergeordnetes Ziel des Supply Chain Managements verstanden. Dieses übergeordnete Ziel folgt der Idealvorstellung, dass nicht mehr einzelne Unternehmen gegeneinander in Konkurrenz stehen, sondern komplette SCs.[64]

2.4 Aufgabenspektrum des Supply Chain Management

Der Managementaspekt des Supply Chain Managements wurde in der obigen Definition mit der zielgerechten Planung, Steuerung, Durchführung und Kontrolle der gesamten Wertschöpfungskette sowie der zielgerichteten Koordination der Materialflüsse und der damit verbundenen Informations- und Finanzflüsse beschrieben. Auf Basis des übergeordneten Ziels der Wettbewerbsfähigkeit wird zunächst eine gemeinsame Strategieformulierung und der strategisch-taktische

---

[59] Vgl. Herrmann, J. (2010), S. 35

[60] Vgl. Lenz, T.; Neumann-Szyschka, P.D.J. et al. (2008), S. 34

[61] Der Servicegrad leitet sich von den klassischen Servicezielen der Logistik (Lieferzeit, Lieferzuverlässigkeit, Lieferbereitschaft, Lieferbeschaffenheit und Lieferflexibilität) ab. (Vgl. Karrer, M. (2006), S. 20)

[62] Vgl. Herrmann, J. (2010), S. 35

[63] Vgl. Stadtler, H.; Kilger, C. (2005), S.11

[64] Vgl. Christopher, M. (2011), S. 23

Rahmen für die erfolgreiche Lenkung und Entwicklung der Supply Chain festgelegt. Das darauf aufbauende Aufgabenspektrum kann anschließend weiter in strategische und gestalterische sowie planerische und ausführende Aufgaben unterteilt werden - Supply Chain Design, Supply Chain Planning und Supply Chain Execution.[65]

2.4.1 House-of-Supply-Chain-Management

Die Steigerung der Wettbewerbsfähigkeit als übergeordnetes Ziel wurde von *Stadtler* und *Kilger* mithilfe des House-of-Supply-Chain-Managements als Dach visualisiert. Der kontinuierliche Wandel vom Verkäufer- zum Käufermarkt (verbunden mit einer zunehmenden Individualisierung der Kundenanforderungen) und eine stark wachsende Globalisierung der Absatz- und Beschaffungsmärkte haben zu einem deutlichen Anstieg der Wettbewerbsintensität beigetragen.[66] „Kundenservice" als Unterbau des Daches des House-of-Supply-Chain-Managements, dient daher zur Erfüllung des übergeordneten Ziels als Stoßrichtung. Der Kundenutzen hat direkte Auswirkung auf die Wettbewerbsfähigkeit der SC: Durch die Erhöhung des Kundennutzens steigt die Zufriedenheit der Kunden und somit deren Bindung an die beteiligten Unternehmen, wodurch langfristig wiederum die Wettbewerbsfähigkeit der gesamten SC sichergestellt wird[67].

Die Aufgaben zur Zielerreichung liegen auf den zwei Säulen der Integration und Koordination (siehe Abbildung 5).

---

[65] Vgl. Busch, Axel; Dangelmaier, Wilhelm (2004), S. 7

[66] Vgl. Wellbrock, W. (2015), S. 19

[67] Vgl. Wellbrock, W. (2015), S. 50

Abbildung 5: House-of-Supply-Chain-Management
(Quelle: Stadtler, Hartmut; Kilger, Christoph (2005), S.12)

Das House-of-Supply-Chain-Management stellt eine ganzheitliche Darstellung des Supply-Chain-Management-Gedankens dar. Das Fundament besteht aus den Basistätigkeiten eines Unternehmens wie Logistik, Marketing, Operations Research, Organisationstheorien, Beschaffung und Absatz und bildet die Grundlage eines ganzheitlichen Supply Chain Managements. Die Säule der Integration beinhaltet die Gestaltung und den Aufbau der Supply Chain, während die zweite Säule die Koordination der Güter-, Geld- und Informationsflüsse repräsentiert. Das Modell des House-of-Supply-Chain-Managements liefert den Rahmen für die folgenden Aufgaben.

2.4.2 Supply Chain Strategy & Design

Der strategische Aufgabenbereich *Supply Chain Strategy* legt fest, wie die Supply Chain Partner mit ihren Prozessen und Ressourcen einen Beitrag zur Wettbewerbsfähigkeit der Supply Chain liefern.[68] Es handelt sich bei der Strategieformu-

---

[68] Vgl. Poppe, R. (2016), S. 53

lierung um einen Entscheidungsprozess, bei dem die Positionierungsmöglichkeiten bezüglich der SCM-Ziele abgewogen und priorisiert werden.[69] *Porter* macht den Entscheidungsaspekt jeder Strategie deutlich: „Strategie bedeutet, im Wettbewerb zwischen verschiedenen Möglichkeiten abzuwägen und Prioritäten zu setzen. Im Kern jeder Strategie steht die Entscheidung darüber, was man nicht tun will. Ohne Abwägungen wären Entscheidungen und damit Strategien unnötig."[70] Eine strategische Positionierung hat dabei einen langfristigen Zeithorizont von mehreren Jahren, da ein Unternehmen erst durch Kontinuität SCM-Fähigkeiten aufbauen kann, die zur Strategie passen.[71] Die Supply Chain Strategie soll mit den Unternehmensstrategien der beteiligten Supply Chain Partner in Einklang stehen.[72]

Die gewählte Supply Chain Strategie legt den strategisch-taktischen Rahmen für die Gestaltungsaufgaben des *Supply Chain Design* fest.[73] Sie befassen sich mit der Ausführung von Planungs- und Konfigurationsaufgaben bezüglich der logistischen Netzwerkstruktur sowie auf die grundsätzliche, prozessuale Umsetzung der Supply Chain Strategie.[74] Für das zielgerichtete Zusammenwirken der verteilten Leistungserstellung werden im Rahmen des *Supply Chain Planning* unter anderem Entscheidungen über die Anzahl und Art der Lieferanten sowie über die Auswahl der Produktions- und Lagerorte getroffen.[75] Auch die Verantwortungsbereiche über die in der Supply Chain zu realisierenden Wertschöpfungsprozesse werden hierbei festgelegt.[76]

Im Anschluss an die grundlegende, prozessuale Umsetzung der Supply Chain Strategie folgt die Detaillierung in Beschaffungs-, Produktions-, Distributions- und Absatzprozesse.[77] Die Verknüpfung dieser Aufgabenbereiche führt zur Koordination des Warenflusses in der Supply Chain und der damit verbundenen Informations- und Finanzflüsse, von der Rohstoffgewinnung über die einzelnen Verede-

---

[69] Vgl. Sennheiser, Andreas (2008), S. 295

[70] Porter, M. E. (1999)

[71] Vgl. Sennheiser, Andreas (2008), S. 296

[72] Vgl. Poppe, R. (2016), S. 55

[73] Vgl. Poppe, R. (2016), S. 55

[74] Vgl. Busch, Axel; Dangelmaier, Wilhelm (2004), S. 7

[75] Vgl. Poppe, R. (2016), S. 56

[76] Vgl. Poppe, R. (2016), S. 56

[77] Vgl. Poppe, R. (2016), S. 58

lungsstufen bis hin zum Endkunden.[78] Abbildung 6 liefert einen Überblick über das Aufgabenmodell des SCM.

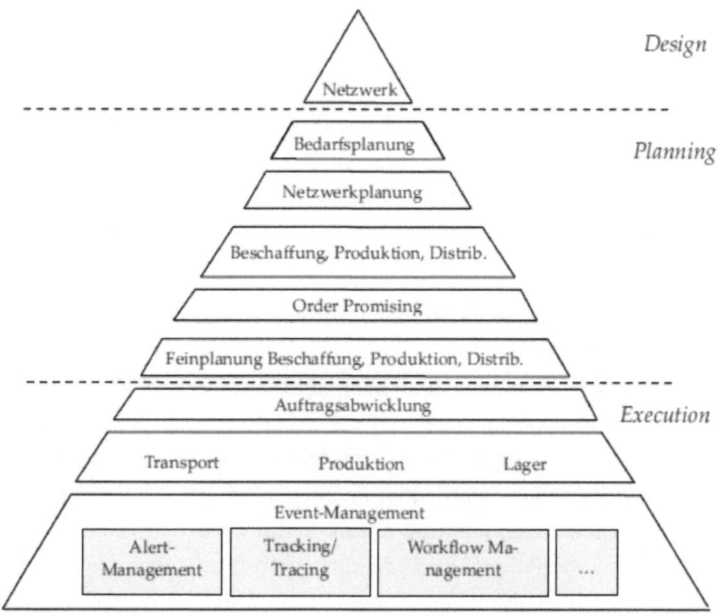

Abbildung 6: SCM-Aufgabenmodell
(Quelle: Werner, Hartmut (2013), S.87)

Die nachfolgenden Prozesse bestehen aus den beiden Aufgabenbereichen *Supply Chain Planning* und *Supply Chain Execution*, welche im Folgenden behandelt werden.

2.4.3 Supply Chain Planning & Execution

Nachdem die strategischen Überlegungen in der *Supply Chain Strategy* und im *Supply Chain Design* fixiert wurden, beginnt der taktische und operative Umsetzungsprozess, in dem eine integrierte, abgestimmte und unternehmensübergreifende Planung erfolgt.[79] Ziel ist es u.a. dem im Abschnitt 2.3 diskutierten als,

---

[78] Vgl. Sucky, E. (2004), S. 25ff.
[79] Vgl. Völker, R.; Neu, J. (2008), S. 87

„Bullwhip" beschriebenen Effekt entgegenzuwirken und die Kundenbedarfe mit den Ressourcen der beteiligten Supply Chain Partner zu synchronisieren.[80]

Für eine strukturierte Beschreibung der einzelnen, planerischen Aufgaben eignet sich der Einsatz der Supply Chain Matrix, welche die Planungsaufgabe entsprechend ihrem zeitlichen Horizont (kurz- bis langfristig) und anhand ihrer Prozesszugehörigkeit im Rahmen der Wertschöpfung (von der Beschaffung und Produktion über die Distribution bis hin zum Absatz) untergliedert.[81]

Das *Supply Chain Execution* ist für die operative Prozessdurchführung zuständig und überwacht dies im Rahmen seiner Steuerungsaufgaben.[82] Es umfasst die Auftrags-, Transport-, und Produktionsabwicklung sowie das Lagermanagement.[83] Die kurzfristigen Planungsschritte werden mit Daten des Supply Chain Execution (in Echtzeit) verbunden, um frühzeitig operative Planabweichungen zu identifizieren.[84] Die traditionelle, rollierende Planung wird so durch ein ereignisorientiertes Supply Chain Monitoring ergänzt. Dadurch ergibt sich die Möglichkeit, dass beispielsweise Transportengpässe oder Produktionsausfälle frühzeitig aufgedeckt werden.[85] Für die Identifikation von Planabweichungen werden gewöhnlich die kurzfristigen, operativen Planungsprozesse mit den Informationen des korrespondierenden lokalen Ausführungsbereiches (in Echtzeit) verknüpft.[86] Eine zusammenfassende Darstellung der Supply Chain Planning Matrix, verbunden mit den Interaktionen des Supply Chain Execution ist aus Abbildung 7 ersichtlich.

---

[80] Vgl. Poppe, R. (2016), S. 58

[81] Vgl. Poppe, R. (2016), S. 58

[82] Vgl. Busch, Axel; Dangelmaier, Wilhelm (2004), S. 7

[83] Vgl. Werner, H. (2013), S. 92

[84] Vgl. Poppe, R. (2016), S. 61

[85] Vgl. Werner, H. (2013), S. 93

[86] Vgl. Poppe, R. (2016), S. 62

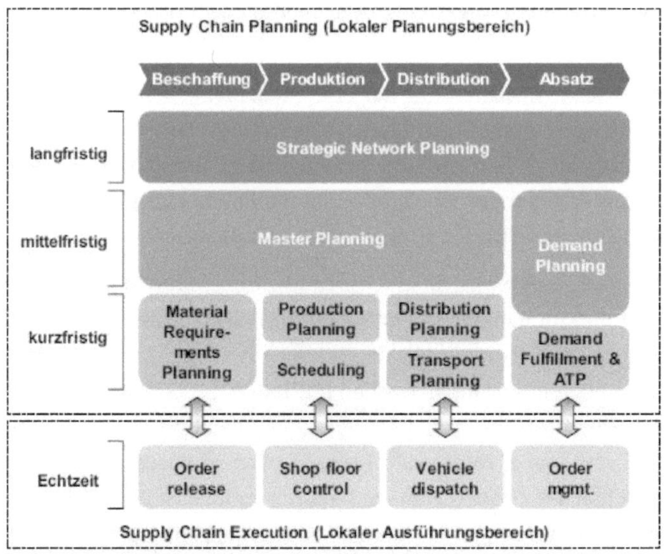

Abbildung 7: Supply Chain Planning und Execution Matrix
(Quelle: Poppe, R. (2016), S.62)

2.5 Zusammenfassung

Um wettbewerbsfähig zu bleiben und vorhandene Vorteile weiter auszubauen, werden die wertschöpfenden Prozesse im Rahmen des Supply Chain Management über die gesamte Wertschöpfungskette - vom Rohstofflieferanten bis zum Endkunden - betrachtet. Damit ein Optimum über das ganze Netz hinweg erzielt wird, wird eine unternehmensübergreifende Betrachtung der Abläufe zwischen den Partnern angestrebt. Dies ist darauf zurückzuführen, dass die Wettbewerbsfähigkeit maßgeblich von dem reibungslosen Ablauf der gesamten Supply Chain abhängt. Das Aufgabenspektrum im SCM umfasst dabei sowohl die strategische- als auch die operative Sichtweise. SCM strebt dadurch die Gestaltung, Lenkung und Weiterentwicklung der gesamten Wertschöpfungskette an. Das Ziel des SCM ist es den vielzitierten „Bullwhip-Effekt" über die Wertschöpfungsstufen zu vermeiden. Dieser tritt bei einer verzerrten Weitergabe von Nachfrageinformationen entlang der beteiligten Elemente der Supply Chain auf und führt zu Bedarfsschwankungen in den nachgelagerten Stufen. Grund dafür ist eine Unterbrechung im Informationsfluss in der Supply Chain, wodurch die Steuerungsmöglichkeiten für den Materialfluss verloren gehen und eine Situation der Unsicherheit entsteht.

3 Kernelemente Risikomanagement

Die im vorangegangenen Kapitel angesprochenen Unsicherheiten im Supply Chain Umfeld dienen als Bezugspunkt für den Einstieg in die Thematik des Risikomanagements. Je komplexer ein System ist, desto schwieriger fällt es Unbekanntes zu antizipieren.[87] Während auf der einen Seite Kunden und Lieferanten im Supply-Chain-Verbund als unmittelbar nah wahrgenommen werden, scheint die Komplexität im Hintergrund enorm. Komplexe Wertschöpfungsketten in einem globalen Umfeld stehen damit in direktem Zusammenhang mit Unsicherheiten bezüglich Zukünftigem. Das Risikomanagement verwendet diese Unsicherheit und Komplexität als Bezugsgegenstand und versucht diese durch gezielte Methodik zu managen.[88]

In diesem Kapitel wird zunächst das Verständnis für den Risikobegriff erarbeitet und die Berechnung des Risikowertes aufgeführt. Anschließend wird das allgemeine Risikomanagement in einem Unternehmen veranschaulicht, wobei hier genauer die Grundstruktur, der Risikomanagementprozess mit seinen Teilphasen und das Risikomanagementsystem beleuchtet werden.

Ziel dieses Kapitels ist es, ein Verständnis für die Kernelemente des allgemeinen Risikomanagements zu erlangen, um darauf aufbauend im nächsten Kapitel in die Thematik des Risikomanagements bei Supply Chains einsteigen zu können.

3.1 Risikobegriff

Der Begriff „Risiko" geht im Ursprung auf das Wort *rischiare* zurück, welches in Oberitalien im 14. Jahrhundert geprägt wurde und so viel bedeutet wie „Klippen umsegeln, aber auch, sich in klippenreiche Seegebiete vorwagen"[89] Damit wurde auf das Wagnis des Seehandels verwiesen, der einerseits Reichtum als große Chance versprach, andererseits auch Gefahr für Leben barg. Menschen, die dieses Risiko auf sich nahmen konnten somit viel gewinnen, allerdings auch ebenso alles verlieren. Da Risiko also positive, als auch negative Veränderungen der Ausgangssituation einschließt, schlagen einige Autoren vor, den Begriff neutral zu definieren; konkret im betriebswirtschaftlichen Sinne als „Abweichung der auftretenden

---

[87] Vgl. Brandes, D.; Brandes, N. (2015), S. 16
[88] Vgl. Huth, M.; Romeike, F. (2015), S. VII
[89] Vgl. Münkler, H.; Bohlender, M. et al. (2015), S. 19

Betriebsergebnisse von den erwarteten und geplanten Werten".[90] Obwohl eine neutrale Betrachtung des Begriffes in der Definition impliziert wird, bringen Entscheidungsträger Risiken oftmals nur mit einer negativen Abweichung in Verbindung.[91] *Götze et al.* verdeutlichen diese Wahrnehmung, in dem Risiko als Verlust- oder Schadengefahr definiert wird, die entsteht, wenn eine erwartete zukünftige Entwicklung negativer verläuft als geplant oder sogar existenzbedrohend wird.[92] Die Möglichkeit einer positiven Abweichung von Unternehmenszielen wird hingegen als Chance betrachtet.[93]

In Abbildung 8 kann man erkennen, dass eine Chance im Zeitverlauf *t* als prognostizierte Wird-Entwicklung der Zielgröße, den geplanten Verlauf der Zielgröße in Bezug auf eine vorgegebene Dimension übersteigt. Wohingegen ein Risiko im Zeitverlauf *t* als prognostizierte Wird-Entwicklung der Zielgröße den geplanten Verlauf der Zielgröße unterliegt.

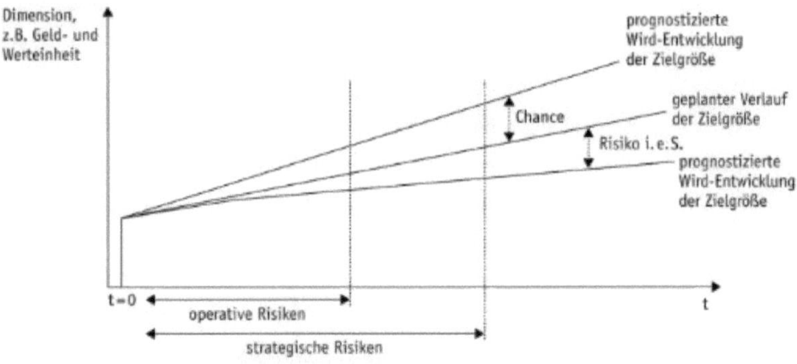

Abbildung 8: Elemente des betriebswirtschaftlichen Risikobegriffs
(Quelle: Vanini, U. (2012), S. 11)

Risiken können demnach auch als „Streuung" um einen Erwartungs- oder Zielwert angesehen werden. Dementsprechend sind Risiken immer nur in direktem Zusammenhang mit der Planung eines Unternehmens zu interpretieren.[94]

---

90   Vgl. Schöning, S.; Göğüş, E. Handan Sümer et al. (2017), S. 277

91   Vgl. Wels, A. (2008), S. 7

92   Vgl. Götze, Uwe; Henselmann, Klaus; Mikus, Barbara (2001), S. 5

93   Vgl. Vanini, U. (2012), S. 10

94   Vgl. Huth, M.; Romeike, F. (2015), S. 52

Es wird häufig zwischen zwei Interpretationen des Risikobegriffs unterschieden, wobei diese eng in Zusammenhang stehen: die *ursachen- und wirkungsbezogene Sichtweise*. Die *ursachenbezogene Betrachtungsweise* nimmt als Gegenstand den Grund des Risikos und damit die Unvollkommenheit von Informationen im Rahmen unternehmerischer Entscheidungen. Ausgangspunkt ist somit eine zukunftsorientierte, unternehmerische Entscheidungssituation, in der es dem Entscheider objektiv unmöglich ist, vollständige Kenntnis zukünftiger Ereignisse und deren Konsequenzen zu erlangen und er sich somit aufgrund unvollkommener Information nicht in einer Situation der Sicherheit befindet. Als Risiko wird damit die *Gefahr einer Fehlentscheidung* verstanden.[95]

Im Gegensatz dazu, beschäftigt sich die *wirkungsbezogene Sichtweise* mit den *potentiellen Konsequenzen* eines Risikos, die eine Abweichung vom geplanten Ziel darstellen.[96] Beide Interpretationen kombiniert, lassen sich Risiken als zukünftige Entwicklungen und Geschehnisse verstehen, welche aufgrund von unvollständigen Informationen die Abweichung von geplanten Zielen verursachen können.[97]

3.2 Risikowert

Auch bei der mathematischen Interpretation des Risikobegriffs erkennt man den Zusammenhang zwischen der *ursachen- und wirkungsbezogenen Ebene*, die anhand zweier Dimensionen in Verbindung stehen. Die Intensitätsdimension stellt die Eintrittswahrscheinlichkeit eines Verlustes dar *(Ursachenbezogenheit)*. Die Quantitätsdimension hingegen setzt sich mit der Art und Höhe des Verlustes auseinander *(Wirkungsbezogenheit)*. Die Messung eines Risikos basiert demnach auf dessen Eintrittswahrscheinlichkeit und der Zielabweichung und wird durch die Multiplikation der beiden Faktoren konkretisiert.[98] Der Zusammenhang zwischen Schadensereignis, Eintrittswahrscheinlichkeit und Schadensausmaß ist grafisch in Abbildung 9 dargestellt.

---

[95]   Vgl. Czaja, Lothar (2009), S. 80
[96]   Vgl. Czaja, Lothar (2009), S. 80
[97]   Vgl. Kajüter, P., S., P. (2007), S. 13
[98]   Vgl. Meierbeck, R. (2010), S. 18

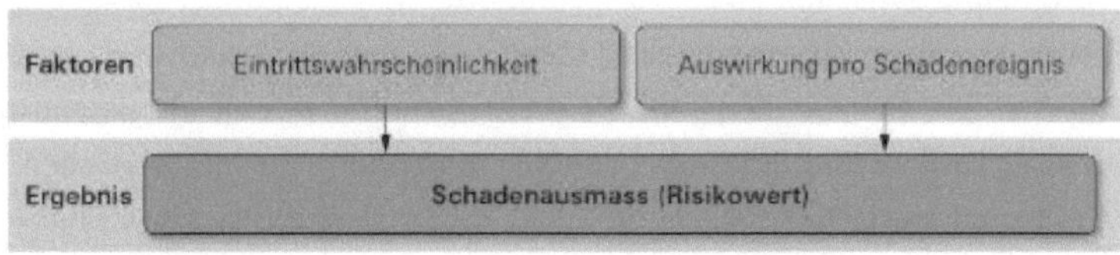

R = E · A

R = Risikowert für ein bestimmtes Schadenereignis
E = Eintrittswahrscheinlichkeit
A = Auswirkung pro Schadenereignis (in CHF)

Abbildung 9: Berechnung Schadensausmaß (Risikowert)
(Quelle: Wiederkehr, B.; Züger, R. M. (2010), S. 14)

Das Schadensausmaß wird demnach als Produkt aus der Auswirkung pro Schadenereignis (Quantitätsdimension) und der Eintrittswahrscheinlichkeit (Intensitätsdimension) ermittelt.

3.3 Risikomanagement

Risiken und Chancen wirken im unternehmerischen Umfeld bei vielen Entscheidungen mit. Es gilt der Grundsatz, dass mit dem Ergreifen von Chancen auch immer Risiken einhergehen.[99] Ziel des Risikomanagements ist es somit nicht, alle Risiken zu eliminieren, sondern viel mehr eine Balance zwischen Risiken und Chancen zu erreichen.[100] Die Risiken gilt es zu bestimmen, zu messen, Risikosteuerungsmaßnahmen zu treffen und so die Risiken auf einem gewünschten Niveau zu halten. [101] Risikomanagement wird in diesem Zusammenhang als Prozess definiert, der die Phasen der systematischen Identifikation, Analyse, Bewertung, Verwaltung und Kontrolle von Risiken beinhaltet.[102] Es soll die Unternehmensleitung darin unterstützen, die wesentlichen Risiken rechtzeitig zu erkennen, zu steuern und zu überwachen.[103]

Leitfaden für die genannten Aufgaben bildet eine Risikostrategie, welche allgemeine Vorschriften zur Auseinandersetzung mit Risiken innerhalb eines Unter-

---

99 Vgl. Czaja, Lothar (2009), S. 87
100 Vgl. Döring, A.; Sucky, E. (2013), S. 225
101 Vgl. Schöning, S.; Göğüş, E. Handan Sümer et al. (2017), S. 277
102 Vgl. Schöning, S.; Göğüş, E. Handan Sümer et al. (2017), S. 277
103 Vgl. Wiederkehr, B.; Züger, R. M. (2010), S. 9

nehmens beinhaltet. Sie soll Art, Umfang und Zeithorizont des betriebenen Geschäfts und der mit ihm verbundenen Risiken berücksichtigen.[104] Die Risikostrategie wird aus der Unternehmensstrategie und den allgemeinen Unternehmenszielen abgeleitet.[105] Die Ziele des Risikomanagements liegen in der Sicherung der Unternehmensexistenz, des zukünftigen Unternehmenserfolges und der Minimierung der Risikokosten.[106] *Kless* sieht damit die Risikostrategie als Bestandteil der Unternehmensstrategie.[107]

3.3.1 Grundstruktur

Abbildung 10 veranschaulicht die Hauptelemente des Risikomanagements auf der strategischen und operativen Ebene. Auf der *operativen Ebene* sind die Aufgaben des Risikomanagements als Zyklus zu interpretieren. Auf ihr findet die Bewirtschaftung der Risiken auf der Basis der risikostrategischen Vorgaben gemäß dem Risikomanagementprozess (Identifikation, Analyse, Bewältigung von Risiken sowie Überwachung der Risiken und Maßnahmen) statt. Auf *strategischer Ebene* wird die Risikopolitik und -strategie auf der Basis der Unternehmensziele und unter Berücksichtigung der externen Einflussfaktoren konzipiert.

---

[104] Vgl. Altenähr, V.; Nguyen, T. et al. (2008), S. 13

[105] Vgl. Scholz, F.; Schuler, A. et al. (2009), S. 324

[106] Vgl. Wolf, K.; Runzheimer, B. (2013), S. 32

[107] Vgl. Kless, T. (1998), S. 94

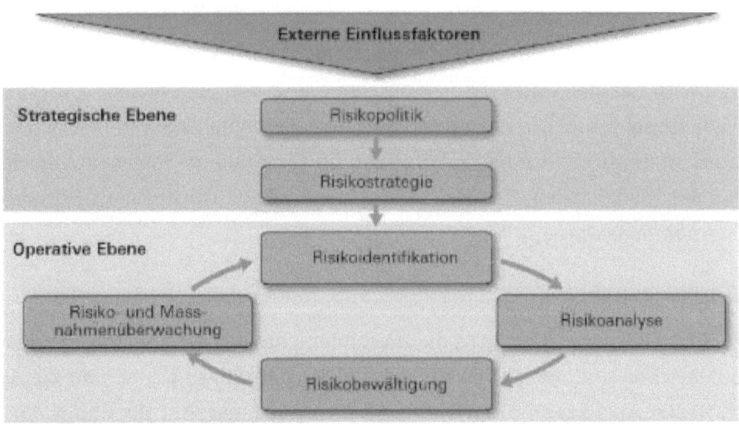

Abbildung 10: Ebenen und Phasen des Risikomanagements
(Quelle: Wiederkehr, B.; Züger, R. M. (2010), S. 16)

Das strategische Risikomanagement bildet den Kern und damit das Fundament des gesamten Risikomanagement-Prozesses. Es beinhaltet insbesondere die Formulierung von Risikomanagement-Zielen in Form einer Risikostrategie.[108] Da der Erfolg eines Risikomanagements vor allem von der Kommunikation und den Informationen aller Personen und Funktionen abhängt[109], kann die Definition einer klaren Risikomanagement-Strategie durch die Aggregation der verschiedenen Informationen einen wesentlichen Beitrag zu einem effizienten Risikomanagement beitragen. Dadurch kann nämlich sichergestellt werden, dass alle Akteure in die gleiche Richtung denken und agieren.[110] Die Risikostrategie soll die aus der Geschäftsstrategie resultierenden Risiken darstellen und auf

- die Art (welche Risiken sollen überhaupt eingegangen werden?),
- die Risikotoleranz (welche Höhe des Risikos ist akzeptabel?),
- die Herkunft (woher stammt das Risiko?),

---

[108] Vgl. Huth, M.; Romeike, F. (2015), S. 59

[109] Vgl. Huth, M.; Romeike, F. (2015), S. 60

[110] Vgl. Huth, M.; Romeike, F. (2015), S. 60

- den Zeithorizont der Risiken (welche Risiken sollen in welcher Zeitperiode mit der vorhandenen Risikodeckung bewältigt werden?) und

- die Risikotragfähigkeit eingehen.[111]

Das operative Management der Risiken, welches an die Risikostrategie anknüpft, wird im folgenden Abschnitt näher beleuchtet.

3.3.2 Risikomanagementprozess

Mittelpunkt eines unternehmensweiten Risikomanagementsystems stellt der Risikomanagementprozess dar, welcher sich mittels einer systematischen Vorgehensweise mit den Risiken befasst.[112] Der Risikomanagementprozess soll so flexibel ausgestaltet sein, dass er der Komplexität und Dynamik heutiger Risikosituationen gerecht werden kann.[113]

Auch wenn in der betriebswirtschaftlichen Literatur eine Vielzahl unterschiedlicher Ablaufschemata zur Abbildung des Risikomanagement-Prozesses vorhanden ist, so lassen sich doch alle Ablaufdiagramme[114] ohne gravierende inhaltliche Abweichungen auf ein gemeinsames Modell zurückführen, welches aus den folgenden Teilprozessen besteht[115]:

- Risikoidentifikation

- Risikoanalyse und -bewertung

- Risikosteuerung

- Risikoüberwachung und -kontrolle

Das Grundschema des Risikomanagementprozesses lässt sich dabei weiter in die beiden Teilprozesse „Risikoeinschätzung" (Risk Assessment) und „Risikosteuerung" (Risk Control) untergliedern. Nach der heute gültigen ISO-

---

[111] Vgl. Huth, M.; Romeike, F. (2015), S. 60-61

[112] Vgl. Wiederkehr, B.; Züger, R. M. (2010), S. 17

[113] Vgl. Wiederkehr, B.; Züger, R. M. (2010), S. 17

[114] Bei der Beschreibung der Einzelprozesse existiert dabei häufig ein Unterschied in den Begrifflichkeiten. (Quelle: Czaja, Lothar (2009), S.89)

[115] Vgl. Czaja, Lothar (2009), S. 89

Standardisierung[116] werden in der Risikoeinschätzung die Teilprozesse „Risikoidentifikation" und „Risikoanalyse und -bewertung" zusammengefasst.[117]

Die Risikoeinschätzung (Risk Assessment) ist ein inhärent rekursiver Prozess[118], d.h. dass aufgrund der gewonnenen Erkenntnisse in den Einzelschritten, die Teilprozesse wiederholt durchlaufen werden können, um die Ergebnisse zu verbessern und zu aktualisieren. Das Risikomanagement gleicht dabei regelmäßig Soll- und Ist-Zustand der in der Risikomanagement-Strategie spezifizierten Parameter ab und führt bei Abweichungen zu Maßnahmen, welche das Risiko reduzieren sollen.[119] Wie Abbildung 11 verdeutlicht, besteht das operative Risikomanagement aus den genannten vier Phasen, welche sich als Kreislauf um den Kern, die Risikomanagement-Strategie, legen.

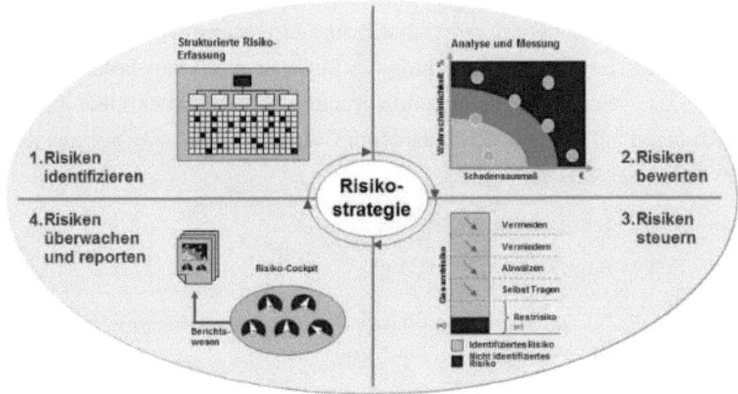

Abbildung 11: Der Risikomanagementprozess
(Quelle: Huth, M.; Romeike, F. (2015), S. 59)

Die einzelnen Phasen werden nachfolgend ausführlicher erläutert.

---

[116] ISO/IEC 31010 (2009), S.

[117] Vgl. Königs, H.-P. (2017), S. 52

[118] Vgl. Königs, H.-P. (2017), S.52

[119] Vgl. Huth, M.; Romeike, F. (2015), S. 63

3.3.2.1 Risikoidentifikation

Zu Beginn des Assessment-Prozesses steht die „Risikoidentifikation", mit der möglichst systematisch und frühzeitig alle relevanten Risiken eines Unternehmens oder eines für das Assessment bestimmten Teilbereichs (z.B. Organisationsbereich oder System) ermittelt werden.[120] Der Identifikationsprozess soll die möglichst vollständige Erfassung der signifikanten internen und externen Risikoquellen einschließlich der möglichen Konsequenzen im Anwendungsbereich erreichen.[121] Handelt es sich bei dem Anwendungsbereich um ein ganzes Unternehmen, dann ist es nützlich, die Risiken in einzelne Risikokategorien und Risikoarten zu unterteilen.[122]

Die Informationsbeschaffung stellt die schwierigste Phase im gesamten Prozess dar und hat eine Schlüsselfunktion im Risikomanagement, da dieser Prozessschritt die Informationsbasis für alle nachfolgenden Phasen liefert[123] - es können schließlich nur die Risiken bewertet und gesteuert werden, welche auch erkannt wurden. Nicht zuletzt aus diesem Grund sollten die erhobenen Informationen den an Vollständigkeit und Aktualität gestellten hohen Anforderungen genügen. Aufgrund sich schnell ändernder Risikosituationen hängt nämlich der Erfolg des Risikomanagements im hohen Maße von der Reaktionsgeschwindigkeit ab, d.h. wie frühzeitig werden Risiken erkannt und wie schnell können Gegenmaßnahmen ergriffen werden.[124] *Czaja* betont die Komplexität der ersten Phase indem er anführt, dass sich die Umsetzung der Forderung nach einer vollumfänglichen sowie stets aktuellen Datenlage aus operativer Sicht als „äußerst schwierig" erweist.[125]

3.3.2.2 Risikoanalyse und -bewertung

Ging es im vorangegangenen Subprozess der „Risikoidentifikation" die Risiken in ihrem Vorhandensein aufzuspüren und in ihren Eigenschaften zu erfassen, so dient der Subprozess „Risikoanalyse" vor allem dem tieferen Verständnis und der größenmäßigen Einschätzung der Risiken. Wichtig bei der Risikoanalyse ist, dass [gemäß der Risikodefinition aus Kapitel 3.1: Anm. des Verfassers] sauber nach

---

[120] Vgl. Königs, H.-P. (2017), S. 53

[121] Vgl. Königs, H.-P. (2017), S. 54

[122] Vgl. Königs, H.-P. (2017), S. 54

[123] Vgl. Huth, M.; Romeike, F. (2015), S. 65

[124] Vgl. Czaja, Lothar (2009), S. 90

[125] Vgl. Czaja, Lothar (2009), S. 90

den Ursachen eines Risikoeintritts sowie den potentiellen Wirkungen getrennt analysiert wird[126] (siehe Abbildung 12).

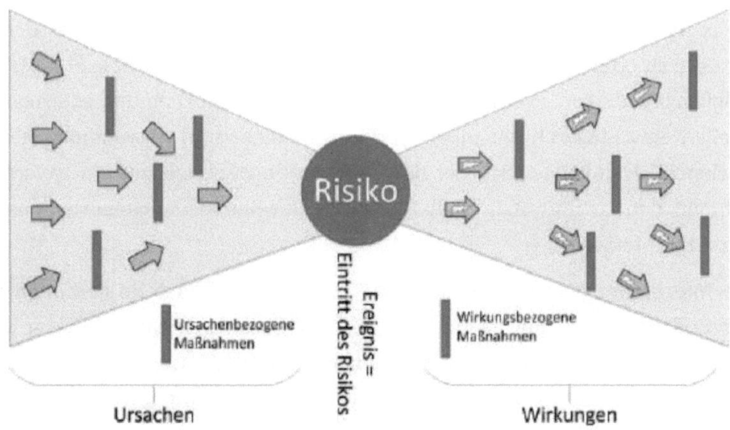

Abbildung 12: Ursache- und Wirkungsketten (Bow-Tie-Diagramm)
(Quelle: RiskNET GmbH (2017))

Im Rahmen der Risikobewertung, die sich unmittelbar an die Risikoanalyse anschließt, werden wirkungsorientiert ökonomische Auswirkungen der identifizierten Risiken quantifiziert.[127] Basierend auf den Ergebnissen der Risikoidentifikation, umfasst die Risikobewertung nach *Romeike* „eine möglichst vollständige und kontinuierliche qualitative Beurteilung und quantitative Bewertung aller identifizierte Risiken."[128] Dazu werden aus den Prämissen der Entstehung und der Wirkungen der Risiken, die Eintrittswahrscheinlichkeit und das erwartete Schadenshöhe errechnet und daraus die Höhe des Risikos abgeleitet[129] (siehe auch Kapitel 3.2). Die Ziele des Subprozesses „Risikobewertung" bestehen somit darin, die ursächlichen Strukturen und Interdependenzen der Risiken transparent zu machen und ihre Wirkungen offenzulegen.[130] Der erwarteten Schadenshöhe, und somit der Wirkung eines Risikos, ist dabei eine höhere Priorität einzuräumen, da ein Risiko, das zwar durch eine geringe Eintrittswahrscheinlichkeit, aber eine große

---

[126] Vgl. Huth, M.; Romeike, F. (2015), S. 67

[127] Vgl. Wiederkehr, B.; Züger, R. M. (2010), S. 18

[128] Vgl. Romeike, F.; Finke, R. (2013), S. 183

[129] Vgl. Königs, H.-P. (2017), S. 57

[130] Vgl. Wolf, K.; Runzheimer, B. (2013), S. 57

zu erwartende Schadenshöhe gekennzeichnet ist, eine deutlich größere Gefahr für das Unternehmen darstellt, als dies bei einem Risiko mit großer Eintrittswahrscheinlichkeit, aber nur geringer zu erwartender Schadenshöhe der Fall ist.[131]

3.3.2.3 Risikosteuerung

Eine weitere Schlüsselstelle im gesamten Risikomanagement-Prozess nimmt der Abschnitt Risikosteuerung[132] ein, bei der für die bewerteten Risiken Bewältigungsalternativen gewählt und die dafür notwendigen Umsetzungsmaßnahmen definiert und geplant werden.[133] Das Ziel dieser Phase ist es, die Risikolage des Unternehmens positiv zu verändern beziehungsweise ein ausgewogenes Verhältnis zwischen Ertrag (Chance) und Verlustgefahr (Risiko) zu erreichen und damit den Unternehmenswert zu steigern.[134] Um dieses Ziel zu erreichen bietet sich eine Maßnahmengestaltung an, welche nach *Königs* nach den Behandlungsoptionen Risiken vermeiden, reduzieren, transferieren oder bewusst eingehen und tragen, unterschieden werden.[135] Letzte Option macht bewusst, warum der internationale Standard ISO 31000:2009 bei den Optionen nicht generell von Risikobewältigung, sondern Risikobehandlung spricht. Auch das Vergrößern eines Risikos stellt nach diesem Sinne, in der Absicht, eine Chance wahrzunehmen, gemäß dem Standard eine ebenfalls gültige Behandlungsoption dar.

Die Behandlungsoptionen lassen sich auch hier analog zum Risikobegriff weiter in *ursachen- und wirkungsbezogene* Maßnahmen untergliedern[136] (siehe Abbildung 13).

---

[131] Vgl. Czaja, Lothar (2009), S. 91-92

[132] In der Literatur auch „Risikobewältigung" z.B. Wiederkehr, B.; Züger, R. M. (2010), S.16

[133] Vgl. Wiederkehr, B.; Züger, R. M. (2010), S. 18

[134] Vgl. Huth, M.; Romeike, F. (2015), S. 71

[135] Vgl. Königs, H.-P. (2017), S. 71

[136] Vgl. Czaja, Lothar (2009), S. 93

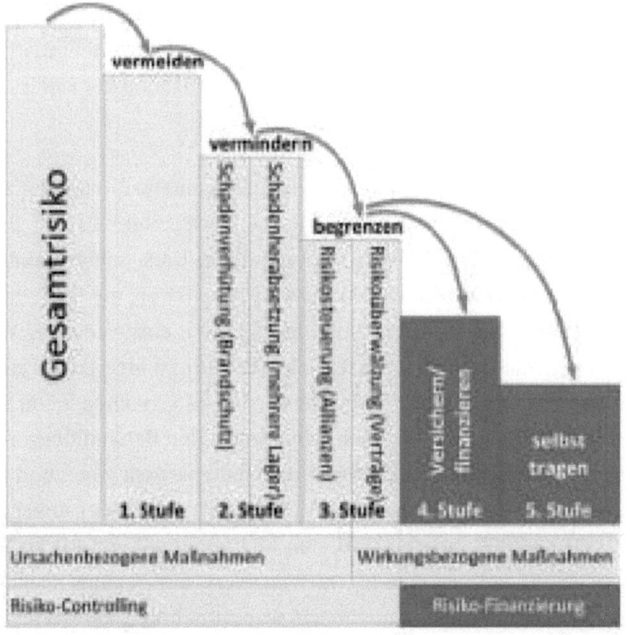

Abbildung 13: Die Risikosteuerung mit verschiedenen Behandlungsoptionen
(Quelle: Huth, M.; Romeike, F. (2015), S. 72)

Die u*rsachenbezogenen* (oder auch präventive/ätiologische) *Maßnahmen* setzen sehr frühzeitig an und greifen bereits in den Risikoentstehungs- bzw. in den Risikoentwicklungsprozess aktiv ein. Dadurch wird versucht einerseits die Eintrittswahrscheinlichkeit und/oder die Tragweite potenzieller Schäden positiv zu beeinflussen, und andererseits, sämtliche Risiken möglichst vollständig zu eliminieren.[137] Nach der Risikodefinition stehen Risiken in Zusammenhang mit Chancen, sodass eine vollständige Vermeidung der Risiken andere Unternehmensziele negativ beeinflussen kann[138] (z.B. Verzicht auf ein Produkt zufolge des Produkthaftpflichtrisikos) und somit bei der Wahl der Risikovermeidung berücksichtigen werden sollte.

Im Gegensatz zu diesen aktiven Steuerungsmaßnahmen, welche direkt an den strukturellen Risikoursachen ansetzen, haben die *wirkungsbezogene Maßnahmen*

---

[137] Vgl. Czaja, Lothar (2009), S. 95
[138] Vgl. Haller (1986), S.31

dagegen den Fokus auf die Folgen von Risiken und sollen die negativen Effekte bei einer Zielabweichung verringern.[139] Eine Möglichkeit ist die negativen Auswirkungen eines Risikos insgesamt zu begrenzen. Beispielsweise kann der Bau von Pufferlagern bei Auftreten eines Lieferausfalls die Folgen so gering wie möglich halten, auch wenn ein Problem beim Lieferanten nicht komplett verhindert werden kann.[140] Eine weitere Möglichkeit ist die Überwälzung von Risiken auf Dritte z.B. durch vertragliche Vereinbarungen der Supply Chain Partner oder durch Versicherungen.[141] Die Folgen des Risikos insgesamt ändern sich dadurch nicht, aber die finanziellen Lasten werden nicht mehr nur von einem Unternehmen alleine getragen. Schließlich gibt es die Möglichkeit die Risiken zu akzeptieren und allein zu tragen. Zwangsläufig müssen vor allem die Risiken selbst getragen werden, welche vorher nicht identifiziert wurden und von denen das Unternehmen keine Kenntnis hatte.[142]

Risiko- und Maßnahmenüberwachung

Die kontinuierliche Überwachung der in den vorangegangenen Teilprozessen identifizierten, analysierten, bewerteten und letztlich auch im Rahmen der Risikosteuerung behandelten Risiken, bildet den letzten Schritt im Rahmen des Risikomanagementprozesses. Der Prozessschritt besteht aus der laufenden Kontrolle der Risiken und dem laufenden Vergleich der Maßnahmenresultate mit den definierten Zielsetzungen, die Dokumentation dieser Kontrolle und die Berichterstattung.[143] Sowohl während allen Subprozessen des Risikomanagementprozesses als auch nach dem Durchlauf des gesamten Prozesses besteht die Wichtigkeit, den Prozess bezüglich Effektivität, Effizienz sowie der Risikosituation und Veränderungen zu überwachen.[144] *Königs* empfiehlt die Leistungsfähigkeit des Risikomanagementprozesses und seiner Teilprozesse anhand von Key-Performance-Indikatoren (KPIs) zu messen.[145]

---

[139] Vgl. Vahrenkamp, R. (2007), S. 46

[140] Vgl. Böger, M. (2010), S. 64

[141] Vgl. Böger, M. (2010), S. 64

[142] Vgl. Haller (1986), S.32

[143] Vgl. Wiederkehr, B.; Züger, R. M. (2010), S. 18

[144] Vgl. Königs, H.-P. (2017), S. 75

[145] Vgl. Königs, H.-P. (2017), S. 75

3.4 Risikomanagementsystem

Um Risiken frühzeitig zu erkennen und ggf. geeignete Maßnahmen zur Abwehr negativer, interner oder externer Entwicklungen einleiten zu können, braucht es einen systematischen Aufbau. Ein Risikomanagementsystem beinhaltet alle organisatorischen, technischen, personellen und prozessualen Vorkehrungen, welche ein Unternehmen zum professionellen Umgang mit Risiken (und Chancen) einsetzt.[146]

Das Risikomanagementsystem besteht im Allgemeinen aus[147]:

- der Risikopolitik und -strategie
- der Risikomanagement–Aufbauorganisation und
- dem operativen Risikomanagementprozess
- (siehe vorheriger Abschnitt 3.3.2)

Man unterscheidet in einer weit verbreiteten Darstellungsform zwischen dem Risikomanagementsystem als Steuerungs- und Führungsfunktion und dem Risikomanagementprozess als Umsetzungsfunktion des Risikomanagements[148].

Die Führungsfunktion setzt sich nach dem *PDCA-Prinzip*[149] von Deming aus den folgenden Teilfunktionen zusammen:

- Plan – Planen, d.h. für das Bestimmen von Zielen und Geltungsbereichen.
- Do – Tun, d.h. für das systematische Umsetzen der Vorgaben.
- Check – Überprüfung, d.h. für die Kontrolle des Systems und dessen Wirksamkeit.
- Act – Handeln, d.h. für das Einleiten von Verbesserungsmaßnahmen.

---

[146] Vgl. Wiederkehr, B.; Züger, R. M. (2010), S. 18

[147] Vgl. Österreich, I.I.R. (2013), S. 21

[148] Vgl. Wiederkehr, B.; Züger, R. M. (2010), S. 18

[149] Der Begriff besteht aus den Initialen von Plan, Do, Check und Act.

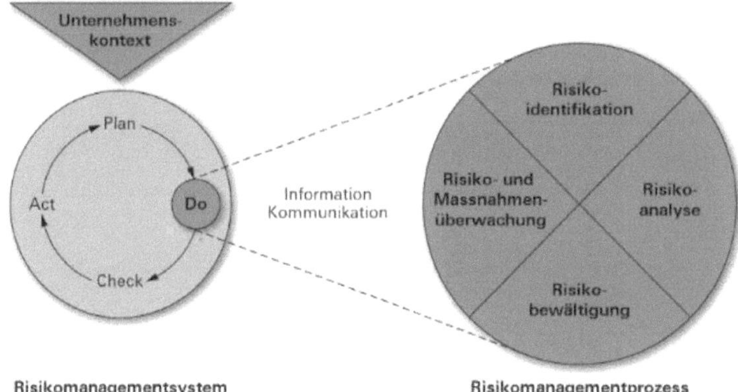

Abbildung 14:Risikomanagementsystem und Risikomanagementprozess
(Quelle: Wiederkehr, B.; Züger, R. M. (2010), S. 19)

Zusätzlich besteht ein modernes Risikomanagementsystem nach herrschender Meinung aus den drei Schnittstellensystemen, welche aufeinander aufbauen und sich gegenseitig beeinflussen[150]:

1. Das Frühwarnsystem
2. Das Überwachungssystem
3. Das Risikocontrolling

Das Frühwarnsystem wird, aufgrund der Möglichkeit, damit Risiken antizipativ zu begegnen, im Laufe der Arbeit näher beleuchtet.

3.5 Zusammenfassung

Im Rahmen dieser Arbeit wird der Begriff „Risiko" als Abweichung der auftretenden Betriebsergebnisse von den erwarteten und geplanten Werten verstanden. Dies impliziert eine neutrale Betrachtung des Begriffs, da auch positive Abweichungen im unternehmerischen Alltag auftreten können, was dann als „Chance" bezeichnet wird. Aufgabe des Risikomanagements ist es, eine Balance zwischen den Chancen und Risiken zu generieren. Eine wesentliche Bedeutung im Risikomanagement nimmt der Risikomanagementprozess ein, welcher ein sich wiederholender Regelkreislauf mit den Teilprozessen Identifikation, Analyse und -

---

[150] Vgl. Wiederkehr, B.; Züger, R. M. (2010), S. S.19

bewertung und Steuerung von Risiken sowie der regelmäßigen Risiko- und Maßnahmenüberwachung, darstellt. Nach herrschender Meinung enthält ein modernes Risikomanagementsystem darüber hinaus ein Frühwarn- und Überwachungssystem sowie ein Risikocontrolling. Das Frühwarnsystem wird im weiteren Verlauf dieser Arbeit näher untersucht, da es einen entscheidenden Faktor für die in der Praxis oft langen Reaktionszeiten bezüglich Abweichungen von geplanten Werten darstellt.

4 Risikomanagement in Supply Chains

In vielen Unternehmen wurde beobachtet, dass nach der Implementierung von Supply- Chain-Management-Ansätzen die Anfälligkeit gegenüber Störungen zugenommen hat.[151] *Kersten* und *Hohrath* nennen als einen dieser Gründe die engere Zusammenarbeit innerhalb der Wertschöpfungsnetzwerke, welche bei einer parallelen Fokussierung auf schlanke Supply Chains, zu einer höheren Verwundbarkeit dieser Wertschöpfungsnetzwerke geführt hat.[152] Diese wirkt sich z.B. demnach aus, dass es immer weniger Substitutionsmöglichkeiten bei Lieferausfällen gibt und die Abhängigkeit zu den vorgelagerten Unternehmen der Kette steigt. Diese Verwundbarkeit gegenüber Risiken in Supply Chain Netzwerken kann den dauerhaften Erfolg des Supply Chain Managements gefährden.[153] Ein geeigneter Ansatz diese Verwundbarkeit zu minimieren, stellt ein interorganisatorisches Risikomanagement dar.[154]

Das Ziel dieses Kapitels ist es Relevanz und Besonderheiten des Supply Chain Risikomanagements im Gegensatz zum internen Risikomanagement aufzuzeigen und zu erörtern. Dazu wird nach den Begriffsklärungen des Supply Chain Risikos und des Supply Chain Managements ein Ansatz zur Systematisierung von Supply Chain Risiken dargelegt. Es werden darüber hinaus die Risikotreiber und eine risikobezogene Zielsetzung in Supply Chains erläutert; diese beiden Aspekte sollen Kenntnis über die Erhöhung der Verwundbarkeit gegenüber Störungen nach einer Implementierung von SCM-Ansätzen liefern.

Um einen näheren Einblick in die Praxis zu bekommen, werden darüber hinaus spezifische Beispiele und Methoden des Risikomanagements in Supply Chains aufgeführt.

4.1 Supply Chain Risiko

Wie bereits in Kapitel Risikobegriff erläutert, wird unter dem Begriff „Risiko" im allgemeinen die Gefahr eines Verlustes oder eines Schadens verstanden, der entsteht, wenn eine erwartete zukünftige Entwicklung negativer verläuft als geplant.

---

[151] Vgl. Specht, D. (2008), S. 43

[152] Vgl. Vahrenkamp, R. (2007), S. 98

[153] Vgl. Specht, D. (2008), S. 43

[154] Vgl. Specht, D. (2008), S. 43

Nach dieser allgemeinen Risikodefinition, handelt es sich bei Supply Chain Risiken um „any risks for the information, material and product flow from original supplier to the delivery of the final product for the end user."[155]

In diesem **engeren Sinne** betreffen Supply Chain Risiken also den Material-, Informations- oder Finanzfluss innerhalb einer Supply Chain. Supply Chain Risiken **im weiteren Sinne** umfassen nach *Kajüter*[156] zusätzlich die Risiken, die in der Beziehung zwischen den Unternehmen innerhalb der Supply Chain liegen. Mit der oben erarbeiteten Risikodefinition und dem Supply Chain Aspekt verknüpfend, kann Supply Chain Risiko wie folgt definiert werden:

Ein Supply Chain Risiko stellt das potentielle Auftreten eines Ereignisses oder einer Entwicklung dar, welches mindestens zwei Unternehmen betrifft und zu einer negativen Zielabweichung führen kann.[157]

Im Unternehmen können dabei die verschiedenen internen Ziele betroffen sein, während Supply Chain Risiken primär die Fähigkeit der Supply Chain beeinträchtigen, den Endkunden effektiv zu beliefern.[158] Daneben kann eine Zielabweichung die im Kapitel 2.3 diskutierten kosten-, qualitäts-, und zeitorientierten Ziele der Supply Chain gefährden.

4.2 Supply Chain Risikomanagement

Nachdem die Grundlagen der beiden Themengebieten „Supply Chain Management" und „Risikomanagement" dargelegt wurden, gilt es nun diese in einen Kontext zu bringen.

Wie die rein lexikalische Dekomposition des Begriffes „Supply Chain Risikomanagement" vermuten lässt, besteht die grundsätzliche Aufgabe des SCRM im planmäßigen und strukturierten Umgang mit Risiken, welche sowohl intern als auch extern auftreten können. [159] SCRM kann als Schnittstelle der beiden Disziplinen Risikomanagement und Supply Chain Management verstanden werden (siehe Abbildung 15).

---

[155] Jüttner, U.; Peck, H. et al. (2003), S. 200

[156] Vgl. Kajüter 2003), S.112

[157] Vgl. Böger, M. (2010), S.34

[158] Vgl. Jüttner, U.; Peck, H. et al. (2003), S.200f.

[159] Vgl. Wagner, S. M.; Kemmerling, R. et al. (2010), S.), S. 99

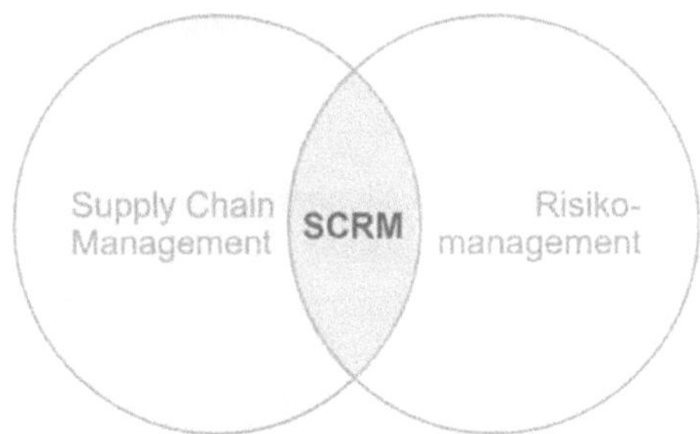

Abbildung 15: SCRM als Schnittstelle von SCM und RM
(Quelle: Paulsson, U. (2004), S. 80.)

Die Globalisierung der Märkte führte in den letzten Jahren zu einer erhöhten Komplexität und erhöhtem Koordinierungsbedarf,[160] wodurch das Treffen von nachhaltigen Entscheidungen, zum Beispiel über Standortfragen oder Lieferantenbeziehungen, immer schwieriger wird. Durch die immer stärkere internationale Vernetzung mit anderen Unternehmen verändert sich das Risikobild der Unternehmen zunehmend und sorgt dafür, dass sich die Risiken auch auf vor- und nachgelagerte Wertschöpfungsstufen erstrecken.[161] Risikomanagement erfüllt hier eine unterstützende Funktion. Der Einsatz eines ausschließlich internen Risikomanagements kann den veränderten Anforderungen jedoch nicht mehr ausreichend gerecht werden.[162] Analog zum Supply Chain Management (siehe Kapitel 2), welches die Planung, Steuerung und Kontrolle der entlang der Wertschöpfungskette auftretenden Geschäftsprozesse beschreibt, ist auch das Risikomanagement anzupassen und unternehmensübergreifend zu erweitern.

Die Einrichtung eines unternehmensweiten und systematischen Risikomanagements erfolgte in vielen Unternehmen erst aufgrund der rechtlichen Regelungen durch das Gesetz zur Kontrolle und Transparenz im Unternehmensbereich (KonTraG) in 1998.[163] Die Initiierung des Gesetzes war Folge spektakulärer Unternehmenskrisen und soll gewährleisten, dass sich Unternehmen nicht nur intensiv mit der Thematik auseinandersetzen, sondern auch ein entsprechendes Risikomanagement-System installieren, ihre Reporting Aktivitäten erweitern und Ver-

---

[160] Vgl. Döring, A.; Sucky, E. (2013), S. 225

[161] Vgl. Döring, A.; Sucky, E. (2013), S. 225

[162] Vgl. Döring, A.; Sucky, E. (2013), S. 225

[163] Vgl. Doege, D. (2013), S. 11

antwortlichkeiten definieren.[164] Folglich wurde der Handlungsrahmen des Risikomanagements auf Ebene eines einzelnen Unternehmens um die Supply-Chain-Ebene erweitert.

Versucht man die bestehenden Ansätze des Risikomanagements auf unternehmensübergreifende Wertschöpfungsketten anzuwenden, so zeigen sich doch einige Besonderheiten im Vergleich zum Risikomanagement in einzelnen Unternehmen.[165]

Die beteiligten Unternehmen einer Supply Chain bilden zwar einen Zusammenschluss, agieren jedoch individuell bezüglich ihrer Risikobereitschaft und -tragfähigkeit.[166] Auch die Anpassung an spezielle Standards einer Supply Chain ist meist nicht durchsetzbar, da ein Unternehmen häufig in Kooperation mit mehreren Supply Chains steht.[167] Erstreckt sich eine Supply Chain auf internationale Ebene wird die Komplexität durch unterschiedliche nationale regulatorische Anforderung für das Risikomanagement weiter erhöht.[168] *Vahrenkamp* spricht von Informationsasymmetrien in Bezug auf die Risiken zwischen den einzelnen Unternehmen und der Supply Chain.[169] Weiterhin bestehen Unterschiede in den Summen der Risiken einer bestimmten Supply Chain und die der Unternehmen, welche an der Supply Chain beteiligt sind.[170]

Grundsätzlich stehen die Supply Chain Risiken in Zusammenhang mit den Zielen einer Supply Chain. Mit der Optimierung der Material-, Waren- und Informationsflüsse als eines der übergeordneten Ziele des Supply Chain Management (siehe Kapitel 2.3) gehen somit die Faktoren als Risiken einher, welche diese logistischen Ströme beeinträchtigen (z.B. Ausfall eines Lieferanten).

Insgesamt resultiert aus den aufgeführten Besonderheiten eine hohe Komplexität bei der Umsetzung eines unternehmensübergreifenden Risikomanagements.[171] Grund hierbei ist, dass je mehr Unternehmen mit einbezogen werden und je hete-

---

[164] Vgl. Döring, A.; Sucky, E. (2013), S. 224

[165] Vgl. Kajüter 2003), S. 111

[166] Vgl. Vahrenkamp, R. (2007), S. 16

[167] Vgl. Vahrenkamp, R. (2007), S. 16

[168] Vgl. Vahrenkamp, R. (2007), S. 16

[169] Vgl. Vahrenkamp, R. (2007), S. 16

[170] Vgl. Vahrenkamp, R. (2007), S. 16

[171] Vgl. Vahrenkamp, R. (2007), S. 16

rogener deren Risikosituation, Risikotragfähigkeit und Risikomanagementsysteme sind, die Anforderungen auf Supply Chain Ebene steigen. Aber nicht nur die ansteigende Zahl potenzieller Risikofelder bewirkt einen raschen Komplexitätsanstieg, auch die zwischen den einzelnen Risiken bestehenden Wechselwirkungen und Verknüpfungen gilt es zu identifizieren und auf ihre Ursachen zurückzuführen, was bei einer steigenden Zahl kooperierender Unternehmen gleichwohl zunehmend erschwert wird.[172] Neben der deutlich feststellbaren Heterogenität von Risikowahrnehmung und -bewältigung der verschiedenen Wertschöpfungspartner ist eine weitere Besonderheit von Risiken entlang einer Supply Chain insbesondere in ihren potenziellen Auswirkungen auf andere Unternehmen der gleichen Wertschöpfungskette bzw. desgleichen Wertschöpfungsnetzwerks festzustellen.

Dabei resultieren bei einem Eintreten eines Risikos bei einem Unternehmen häufig Folgeschäden für dessen Partnerunternehmen, was in der Literatur auch unter dem Schlagwort „Verwundbarkeit von Supply Chains" (*„vulnerability"*) thematisiert wird.[173]

Das Supply Chain Risikomanagement versteht sich somit im Grundsatz als proaktiver Ansatz für das Management von Risiken in Bezug auf die Lieferkette, um das Potential von unerwünschten Konsequenzen vorrausschauend zu minimieren.[174]

4.3 Supply Chain Risikoarten

Wie bereits erläutert, stellt die erste Phase des Risikomanagementprozesses (Risikoidentifikation) den wesentlichen Erfolgsfaktor des Risikomanagements dar und entscheidet die gewählte Qualität und Ausführlichkeit, mit welcher die Identifikation der Risiken erfolgte, in hohem Maße darüber, wie erfolgreich auch die sich anschließenden Phasen ablaufen (siehe Kapitel 3.3.2.1). In Bezug auf Supply Chains sind im Rahmen der Risikoidentifikation somit möglichst frühzeitig alle Supply Chain Risikopotentiale zu erfassen und hinsichtlich ihrer Ursache-Wirkungsbeziehungen zu analysieren, um sie im Anschluss daran nach Art und Inhalt strukturieren zu können.[175] Zu beachten gilt es jedoch, dass sich die Risi-

---

[172] Vgl. Czaja, Lothar (2009), S. 99

[173] Vgl. Christopher, M.; Peck, H. (2004), S. 3

[174] Vgl. Wu, Teresa; Blackhurst, Jennifer; Wu, Tong (2009), S.16

[175] Vgl. Chopra, S.; Sodhi, M. S. (2004), S. 54

koidentifikation stets an der konkreten Supply Chain ausrichten muss.[176] Globale Wertschöpfungsketten bergen mitunter andere, z.T. auch zusätzliche Risiken als nationale Supply Chains. Auch stellen Supply Chains, die durch Just-in-Time-Lieferungen drastisch reduzierte Sicherheitsbestände aufweisen, andere Anforderungen an die Risikoidentifikation als dies bspw. im Rahmen einer mehrstufigen Lagerhaltung der Fall ist.[177]

In dieser Arbeit wird der Risikoklassifizierung von *Christopher* und *Peck*[178] gefolgt, wobei hier nach fünf Risikoquellen auf drei Ebenen unterschieden wird, welche sich nach dem *Entstehungsort der Risikoursache* gliedern:

1. Innerhalb des Unternehmens (unternehmensbezogen)

- Prozessrisiken

- Steuerungsrisiken

2. Außerhalb des Unternehmens, aber innerhalb der Supply Chain (unternehmensübergreifend)

- Steuerungsrisiken [erweitert: Anm. d. Verf.]

- Nachfragerisiken

- Versorgungsrisiken

3. Im Umfeld der Supply Chain

- Umfeldrisiken

Innerhalb des Unternehmens werden *Prozess- und Steuerungsrisiken* unterschieden. Als *Prozessrisiken* werden Störungen in der Produktion oder anderer interner Prozesse verstanden. Typische Prozessrisiken stellen z.B. lange und kurzfristige Produktionsausfälle oder Qualitätsschwankungen der Produktion dar.[179] Interne *Steuerungsrisiken* werden auf fehlerhafte Entscheidungen oder Entscheidungsregeln bezogen, welche zu Störungen in den Abläufen führen.

Die beiden anderen Ebenen sind extern zu dem Unternehmen, aber innerhalb des interorganisatorischen Netzwerks durch welches Material, Produkte und Informationen fließt. Während in dem Modell von *Christopher* und *Peck* die Steue-

---

[176] Vgl. Czaja, Lothar (2009), S. 101

[177] Vgl. Czaja, Lothar (2009), S. 101

[178] Vgl. Christopher, M.; Peck, H. (2004), S.4

[179] Vgl, Bayer, F.; und Bioly, S. (2014), S. 31

50

rungsrisiken ausschließlich auf die internen Prozesse bezogen werden, werden im Rahmen dieser Arbeit gemäß *Czaja* eine Erweiterung des Verständnisses von Steuerungsrisiken um unternehmensübergreifende Risiken vorgenommen. Diese Erweiterung ist damit zu begründen, dass Steuerungsrisiken ihren Ursprung nicht zwangsläufig auf Einzelunternehmensebene haben, sondern sich erst auf Supply Chain-Ebene nach und nach zu erheblichen Störungen entwickeln und verdichten.[180] Unternehmensübergreifende Steuerungsrisiken können sich demnach konkret als Informations- und IT-Risiken oder in Form von Kooperationsrisiken (mangelnde Identität, geringes gegenseitig entgegengebrachtes Vertrauen, verbesserungswürdige Kommunikationsbeziehungen) zwischen den beteiligten Unternehmen der Supply Chain äußern.[181]

Auf der Supply Chain Ebene werden Risiken auf Versorgungs- und Nachfrageseite unterschieden. *Versorgungsrisiken* beziehen sich auf die Upstream-Prozesse der Supply Chain in Richtung des Zulieferunternehmens und haben daher im Bereich Einkauf und Beschaffung eine zentrale Rolle. *Nachfragerisiken* hingegen haben den Fokus auf die Downstream-Prozesse, welche den Weg zum Endkunden bilden.[182]

Versorgungsrisiken können z.B. Kapazitätsengpässe und -schwankungen auf dem Beschaffungsmarkt, Produktionsverzögerungen und -ausfälle oder Abhängigkeitsverhältnisse von einzelnen Lieferanten aufgrund von Single Sourcing Beziehungen sein. Auch Qualitätsprobleme bei den gelieferten Produkten stellen ein Versorgungsrisiko dar, welche zur Folge Fertigungsprobleme mit sich ziehen kann. Bei finanziellen Schwierigkeiten des Zulieferers, die sich zu einer Insolvenz ausweiten können, besteht sogar die Gefahr eines kompletten Versorgungsstopps.[183]

Nachfragerisiken beziehen sich auf alle Risiken, die mit der physischen Versorgung des Kunden einhergehen. Damit werden also die Downstream-Prozesse des Unternehmens mit Blick auf den Endkunden betrachtet. Primär betroffen sind daher Transport- und Lagerprozesse.[184] Auch Unsicherheiten bei der Prognose

---

[180] Vgl. Czaja, Lothar (2009), S. 103

[181] Vgl. Czaja, Lothar (2009), S. 103

[182] Vgl. Wagner, S. M.; Bode, C. (2007), S. 64

[183] Vgl. Bayer und Bioly 2014), S. 28

[184] Vgl. Bayer und Bioly 2014), S. 29

der Kundennachfrage werden dieser Kategorie zugeordnet, da diese überflüssigen Lagerbestände, teure Versorgungsengpässe und eine suboptimale Kapazitätsauslastung bewirken können. In diesem Zusammenhang steht auch der in Kapitel 2.3 erwähnte Bullwhip-Effekt.

Die Risiken auf der Umfeld-Ebene sind auf umweltbedingte Ursachen zurückzuführen, welche kaum beeinflussbar sind und zu direkten oder indirekten Störungen in der Supply Chain führen. Sie können aufgrund von sozio-politischen, makroökonomischen oder technologischen Faktoren entstehen.[185] Eine mögliche Ausprägung stellen Katastrophenrisiken dar welche sich z.B. durch Naturkatastrophen, politische Instabilität oder Terrorismus äußern können. So stellen in vielen Ländern Naturkatastrophen in Form von Tsunamis, Erdbeben o.Ä. eine potentielle Bedrohung für die dort angesiedelten Industrieunternehmen dar.[186] Die negativen Auswirkungen dieser Phänomene für die Supply Chain können die Produktionsstätten oder den Transportsektor betreffen, welche stark beschädigt werden können.

Abbildung 16 macht deutlich, dass vor allem die Versorgungsrisiken für Unternehmen bedeutend sind. Dabei haben von insgesamt 319 Respondenten aus vorwiegend in KMU tätigen Managern in Rahmen an der ETH Zürich durchgeführte Studie in Kooperation mit Roland Berger 100 Prozent der Bedeutung von Risiken durch die Lieferantenkapazität zugestimmt.

---

[185] Vgl. Christopher, M.; Peck, H. (2004), S. 6; Thun, J.-H.; Hoenig, D. (2011), S. 243
[186] Vgl. Wagner, S. M.; Bode, C. (2007), S. 66

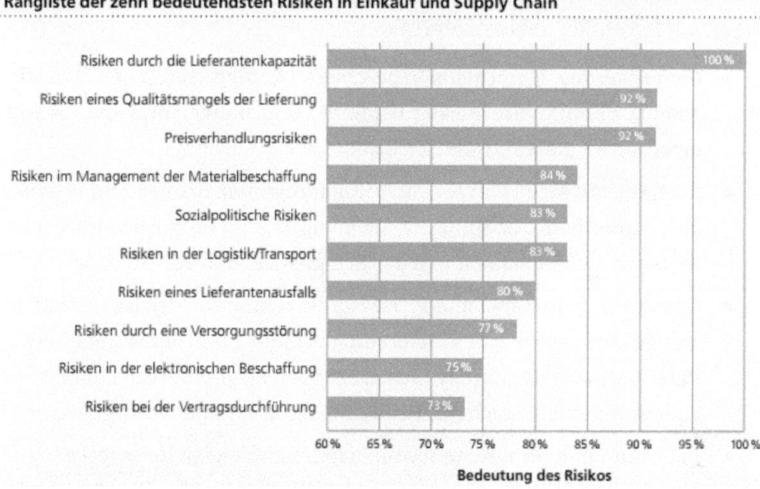

Abbildung 16: Bedeutung von Risiken für Unternehmen
(Quelle: Pöhlmann (2016), S.16)

4.4 Risikotreiber und Verwundbarkeit in Supply Chains

Als Thailand im Juli 2011 von einer verheerenden Flut heimgesucht wurde, hatte dies nicht nur für die Menschen vor Ort katastrophale Folgen, auch die weltweite Versorgung der Automobil, IT- und anderer Industrien mit elektronischen Bauteilen wurde unterbrochen. Beispielsweise verlor die Firma Hewlett Packard rund zwei Milliarden US-Dollar durch die Naturkatastrophe.[187]

Auch wenn Lieferketten schon immer verwundbar waren, sei es durch Naturkatastrophen, wirtschaftliche und politische Krisen oder Unfälle, so sind doch die modernen, vernetzten Supply Chain-Netzwerke besonders verletzlich.[188] Dies wirkt sich dadurch aus, dass schon ein relativ geringfügiger Vorfall zu enormen Folgewirkungen im gesamten Netzwerk führen kann. Das Auftreten solcher Folgeschäden über verschiedene Stufen eines Wertschöpfungsnetzwerkes hinweg wird als Verwundbarkeit (*„vulnerability"*) von Unternehmen bzw. Supply Chains bezeichnet.[189] Es wurden verschiedene Faktoren aufgeschlüsselt, welche die Unterneh-

---

[187] Vgl. Pöhlmann, K.-H. (2016), S. 15
[188] Vgl. Pöhlmann, K.-H. (2016), S. 15
[189] Vgl. Christopher, M.; Peck, H. (2004), S. 3

men für solche Störfallkaskaden anfällig machen, worauf sich der Fokus in dieser Arbeit auf folgende Punkte richtet[190]:

- *Globalisierung:* Unternehmen beschaffen Komponenten und Dienstleistungen über Kontinente hinweg. Größere Entfernungen und mehr Marktanteil erschweren die Kontrolle der Risiken.

- *Komplexität:* Mehr Partner, mehr Komponenten, Größen und Produktvarianten innerhalb der Supply Chain komplizieren Prognosen über die Eintrittswahrscheinlichkeit und das Schadenausmaß von Störungen.

- *Optimierung:* Just-in-Time-Prozesse, die Reduktion der Lagerbestände, die stetige Verringerung der Lieferantenanzahl[191], und andere Maßnahmen zur Verschlankung der Supply Chains erhöhen zwar einerseits die Effizienz, aber andererseits auch das Risiko, an Stabilität und Sicherheit zu verlieren.

- *Information:* Komplexe und voneinander abhängige Netzwerke brauchen einen engen Informationsaustausch. Sind Supply Chains nicht richtig integriert führt das zu intransparent Prozesse, welche nicht optimal abgestellt sind.

Eine Aufgabe des überbetrieblichen Risikomanagements ist es, verwundbaren Äste des Wertschöpfungnetzwerkes zu identifizieren und die wirkende Verwundbarkeitstreiber zu analysieren.[192] Eine wichtige Voraussetzung zur Identifikation von verwundbaren Teilen und Risiken ist die Transparenz entlang des kompletten Wertschöpfungsnetzwerkes, also auch der im Materialstrom entfernter liegenden Organisationen.[193] Die Erlangung von Transparenz in der Wertschöpfungskette ist in hohem Maße vom Kooperationsgrad der in die betroffene Supply Chain integrierten Unternehmen bedingt.[194]

---

[190] Vgl. Pöhlmann, K.-H. (2016), S. 15
[191] Vgl. Czaja, Lothar (2009), S. 99f.
[192] Vgl. Kersten, W.; Hohrath, P. et al. (2008), S. 14
[193] Vgl. Kersten, W.; Hohrath, P. et al. (2008), S. 14
[194] Vgl. Czaja, Lothar (2009), S. 100

4.5 Risikobezogene Zielsetzung als Basis für den Risikomanagementprozess

Basierend auf dem SCRMP bildet eine risikobezogene Zielsetzung den Ausgangspunkt für das Management von Risiken. Sie bestimmt inwiefern Risiken als mögliche Abweichungen von der Zielerreichung bestehen.[195] Wie aus der Risikodefinition von Kapitel 3.1 hervorgeht, sind Risiken immer nur in direktem Zusammenhang mit der Planung eines Unternehmens zu interpretieren, was im Umkehrschluss bedeutet, dass Unternehmen, welche keine Strategie bzw. strategische Ziele definiert haben, auch keine Zielabweichung haben können.[196] In diesem Kontext ist der Aufbau eines Risikomanagements nicht möglich, da beispielsweise auch nicht bewertet werden kann welche Maßnahmen überhaupt umgesetzt werden sollen und als betriebswirtschaftlich sinnvoll erscheinen.[197]

Grundsätzlich existieren mehrere Möglichkeiten die Risiken in das Zielsystem einzubeziehen.[198] Die Sicherung der Unternehmensexistenz kann als übergeordnete Zielsetzung angesehen werden.[199] Es bedeutet, dass eine Beteiligung an einer Supply Chain nicht die Existenz eines Unternehmens gefährden soll.

Es kann auf Basis des *allgemeinen Sicherheitsstrebens* zwischen verschiedenen „risikobezogenen Grundstrategien" gewählt werden, welche die Risikoeinstellung der Entscheidungsträger widerspiegeln.[200]

Es wird dabei zwischen der *statisch-adaptiven* und *dynamisch-aggressiven Strategie* unterschieden. Die *statisch-adaptive Strategie* zielt darauf ab, dass kontinuierlich ausreichend Ressourcen bereitgestellt werden, um flexibel reagieren zu können. Sie ist deshalb mit geringeren Risiken, aber hohen Kosten verbunden.[201] Eine *dynamisch-aggressive Strategie* hingegen, führt zum gegenteiligen Effekt mit höheren Gewinnchancen, aber auch einem erhöhten Risiko. Die entsprechende Grundeinstellung kann z.B. festlegen, ob tendenziell auf risikobehaftete zugunsten

---

[195] Vgl. Vahrenkamp, R. (2007), S. 31

[196] Vgl. Huth, M.; Romeike, F. (2015), S. 52

[197] Vgl. Huth, M.; Romeike, F. (2015), S. 52

[198] Vgl. Götze, Uwe; Henselmann, Klaus; Mikus, Barbara (2001), S. 185 ff.

[199] Vgl. Vahrenkamp, R. (2007), S. 31

[200] Vgl. Vahrenkamp, R. (2007), S. 32

[201] Vgl. Vahrenkamp, R. (2007), S. 32

sicherer, aber mit geringeren erwarteten Gewinnen verbundener Alternativen (z.B. Einbeziehung globaler Partner) verzichtet werden soll.[202]

Vahrenkamp unterteilt die allgemeinen Supply Chain Ziele (siehe Kapitel 2.3) in Formal- und Sachziele. Zu den *Formalzielen* gehören beispielsweise die Maximierung des Gewinns oder des Gesamtbeitrags zu den Shareholder Values der Partnerunternehmen oder Wachstum.

Gemäß *Vahrenkamp* beinhalten die *Sachziele*:

- Leistungsziele:

  Sicherung der Wettbewerbsfähigkeit

  Gewährleistung der Versorgungssicherheit und der Absatzmöglichkeiten

  Hohe Flexibilität und Produktivität

  Geringe Durchlaufzeiten, Lieferzeiten und Lagerbestände

  Verbesserter Ressourcenzugang und Ergänzung von Kompetenzen

- Finanzziele:

  Kostensenkung im Wertschöpfungsprozess

  Kosteneinteilung

  Kostenflexibilisierung

  Geringe Kapitalbindung

- Sozialziele:

  Sozial- und Ökologieverträglichkeit

Beim Risikomanagement in einer Supply Chain sollten stets die Interessen der verschiedenen Unternehmen bei der risikobezogenen Zielbildung berücksichtigt werden, um den Abstimmungsbedarf der Unternehmen zu konkretisieren.[203] Die Zielbeziehungen (siehe auch Kapitel 2.3) zwischen den Sicherheits- und den allgemeinen Unternehmenszielen werden daher nun näher untersucht.

Es kann davon ausgegangen werden, dass durch die Erfüllung der Formal- und Sachziele, z.B. Gewinnerzielung und Wettbewerbsfähigkeit, hohe Lieferbereitschaft, Qualität, Sozial- oder Ökologieverträglichkeit, ein Beitrag zur Sicherung der Unternehmensexistenz (Sicherheitsziel) geleistet wird. Insbesondere gilt dies

---

[202] Vgl. Götze, Uwe; Henselmann, Klaus; Mikus, Barbara (2001), S. 73
[203] Vgl. Vahrenkamp, R. (2007), S. 33

für das Sachziel einer hohen Flexibilität, da dieses Ziel überwiegend auf die Anpassungsfähigkeit an unsichere Entwicklungen und damit die Handhabung von Risiken ausgerichtet ist.[204] Sicherheitsziele haben mit vielen Unternehmenszielen eine komplementäre oder neutrale Beziehung, so dass sie gemeinsam mit diesen die Erreichung der Ausgangsziele fördern.[205] Beispielsweise können die Vermeidung von Störungen in der Produktion und der Materialversorgung zu einem hohen Lieferservicegrad, zu geringen Stillstandszeiten und -kosten letztendlich zu einem hohen Gewinn beitragen.

Zunächst steht ein Sicherheitsziel mit dem Gewinnziel oftmals in einem komplementären Verhältnis. Ab einem bestimmten Grad an Sicherheit geraten die beiden Ziele allerdings in einen Zielkonflikt, wie Abbildung 17 veranschaulichen soll.

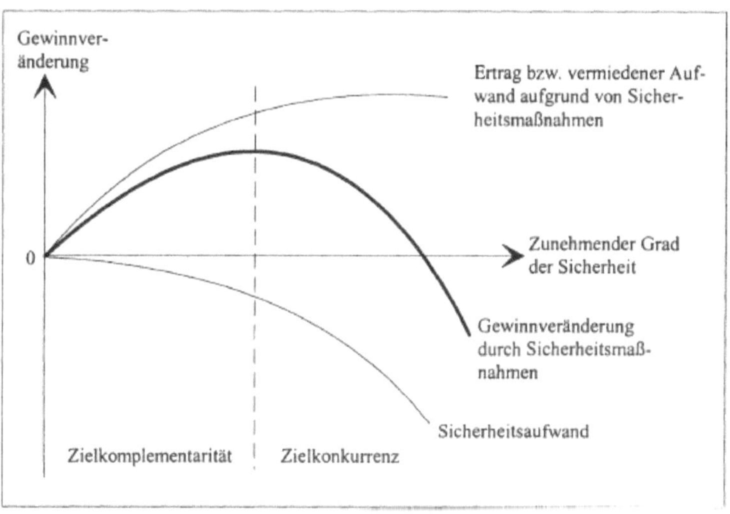

Abbildung 17: Zielwirksamkeitsbeziehungen zwischen Sicherheits- und Gewinnziel (Quelle: Götze et al. (2001), S. 74)

Bei einem geringen Grad an Sicherheit leisten Sicherheitsmaßnahmen einen positiven Beitrag zum Gewinnziel. Typischerweise nehmen allerdings die Aufwendungen für die Erhöhung des Sicherheitsgrades überproportional zu, während sich der dadurch aufgrund vermiedener Störungen bewirkte zusätzliche Ertrag

---

[204] Vgl. Götze, Uwe; Henselmann, Klaus; Mikus, Barbara (2001), S. 73
[205] Vgl. Götze, Uwe; Henselmann, Klaus; Mikus, Barbara (2001), S. 73

bzw. vermiedene Aufwand mit abnehmender Steigung erhöht.[206] Dies hat zur Folge, dass sich Sicherheitsbemühungen ab einem bestimmten Ausmaß negativ auf den Gewinn auswirken und sich somit Sicherheits- und Gewinnstreben zu konkurrierenden Zielen entwickeln. Allgemein können also zwischen einem Sicherheitsziel und anderen Zielen auch konfliktäre Beziehungen bestehen. *Götze et al.* empfehlen in einem solchen Fall das Sicherheitsziel als Nebenbedingung zu formulieren, durch die die Möglichkeiten zur Verfolgung anderer Ziele eingeschränkt werden.

Aus dieser Erkenntnis heraus kann man ableiten, dass die Ziele des Supply Chain Managements bezüglich der Effizienzsteigerung z.B. durch eine Verschlankung der Supply Chain oder geringere Sicherheitsbestände im Zielkonflikt mit den allgemeinen Sicherheitszielen einer Supply Chain stehen. Dies verdeutlicht auch die Tatsache, dass durch die Einführung von Supply-Chain-Management-Konzepten die Verwundbarkeit gegenüber Störungen in den Liefernetzwerken steigt.[207]

4.6 Methoden und Beispiele des Risikomanagements in Supply Chains

Supply Chains stellen Netzwerke aus rechtlich unabhängigen Unternehmen dar, welche gemeinsam ein Produkt für einen Endkunden herstellen. Die Grundlage für das unternehmensübergreifende Risikomanagement in der Supply Chain bildet somit das Risikomanagement in den einzelnen Unternehmen. Ein Risikomanagement in der Supply Chain zeichnet sich demnach durch einen strukturierten Ansatz zur kooperativen Analyse, Steuerung und Kontrolle sowie Kommunikation von Risiken entlang der Supply Chain aus.[208]

Die Bedeutung des Risikomanagements in bzw. für Supply Chains erwächst u.a. daraus, wie im vorherigen Kapitel angesprochen, dass im Supply Chain Management auf die gesamte Supply Chain bezogen, unternehmensübergreifende Ziele verfolgt werden und die Supply Chain wie ein einzelnes Unternehmen Risiken bezüglich der Erreichung dieser Ziele ausgesetzt ist.

Es soll daher im Nachfolgenden ein Konzept für den Ablauf des Risikomanagements in Supply Chains erarbeitet werden. Zunächst werden die einzelnen Teil-

---

[206] Götze, Uwe; Henselmann, Klaus; Mikus, Barbara (2001), S. 74

[207] Vgl. Specht, D. (2008), S. 43

[208] Vgl. Vahrenkamp, R. (2007), S. 22

phasen nochmals kurz umrissen, um darauf aufbauend die klassischen Methoden und Instrumente des operativen Risikomanagements zu betrachten und mit Beispielen zu erläutern.

Als Ausgangspunkt dient das idealtypische Phasenmodell des Risikomanagementprozesses (siehe Kapitel 3.3.2) mit den vier Kernphasen:

- Risikoidentifikation
- Risikoanalyse und -bewertung
- Risikosteuerung
- Risikoüberwachung und -kontrolle

Das Ziel dieses Abschnittes ist ein näheres Verständnis für die gängigen Methoden des Risikomanagements speziell bei Supply Chains in der Praxis zu erlangen. Die dazu aufgeführten Beispiele bieten die Basis für eine Analyse und Evaluation der gängigen Methoden im darauffolgenden Kapitel.

4.6.1 Risikoidentifikation

In der ersten Phase des SCRM Prozesses, der Identifikation, wird das Ziel verfolgt, einen möglichst vollständigen Katalog der Supply Chain Risiken zu erstellen.[209] Die folgenden SCRM Prozessphasen können nur durchgeführt werden, wenn Supply Chain Risiken in dieser Phase identifiziert werden. Durch den unmittelbaren Zusammenhang mit dem gesamten Risikomanagement Prozess, sollte diese Phase, wie schon in Kapitel 3.3.2.1 erwähnt, ausführlich und permanent betrieben werden. Werden Risiken beispielsweise nicht ausreichend erfasst, kann dies im Extremfall sogar die Gefährdung für die Existenz eines Unternehmens bedeuten.[210]

Voraussetzung für eine erfolgreiche Risikoidentifikation ist das Vorhandensein eines Risikokatalogs, der die Risikofelder und Risikokategorien eines Unternehmens systematisch abbildet.[211] Es kann an möglichen Risikoquellen angesetzt werden und dabei auf die in Abschnitt 4.3 vorgenommene Systematisierung von Risiken zurückgegriffen werden. Daraus lässt sich ableiten, dass sowohl im Umfeld der Supply Chain, als auch innerhalb der Unternehmen und unternehmens-

---

[209] Vgl. Gleißner, W. (2011), S.110
[210] Vgl. Huth, M.; Romeike, F. (2015), S. 65
[211] Vgl. Gleißner, W.; Klein, A. (2017), S. 275

übergreifend nach möglichen Risiken gesucht werden sollte.[212] Im Anschluss werden dann mit Hilfe ausgewählter Methoden und Instrumente der strategischen Unternehmensführung Risikofelder in der Supply Chain herausgearbeitet. Die Wahl der Methodik hängt dabei stark von den spezifischen Risikoprofilen des Unternehmens und der Branche ab. In der betrieblichen Praxis werden zudem einzelne Identifikationsmethoden häufig in Kombination gesetzt.[213]

Nach der Abgrenzung des Untersuchungsbereichs, gilt es die Supply Chain Situation zu analysieren, um eine ausreichende Transparenz über die Beziehungen zwischen den Supply Chain Partnern zu erlangen.[214] Dabei ist die Wichtigkeit der Ursache-Wirkungsbeziehung, die bereits in Kapitel 3.3.2.1 erwähnt wurde, hervorzuheben. Die Ursachen für Supply Chain Störungen liegen nämlich häufig bei den Vorlieferanten oder auch außerhalb der offensichtlichen Szenarien.[215] Beispielsweise sollte ein Frachtschiff eine große Menge der erst kurz zuvor im Markt eingeführten PlayStation 2 (PS2) der Sony Corporation von China nach Europa transportieren. Jedoch war der Suezkanal blockiert, wobei es zu Lieferverzögerungen kam. Kurz nach dem Verkaufsstart im November 2004 wurden in Großbritannien wöchentlich rund 70.000 PS2 verkauft; aufgrund falscher Prognosewerte und der Lieferverzögerung konnten dagegen in der ersten Dezemberwoche 2004 und damit im umsatzträchtigen Weihnachtsgeschäft nur rund 6000 Einheiten abgesetzt werden.[216] Das Beispiel demonstriert, dass verschiedene Ursachen in einer komplexen Kausalkette zu einem Risikoeintritt führen können. Exemplarisch kann aus Abbildung 18 eine komplexe Ursache-Wirkungskette des Tōhoku-Erdbebens in Japan entnommen werden. Man kann erkennen, dass ein Risikoeintritt komplexe Wirkungen nach sich ziehen kann (beispielsweise Schadensersatzansprüche oder Reputationsschäden).

---

[212] Vgl. Vahrenkamp, R. (2007), S. 40

[213] Vgl. Huth, M.; Romeike, F. (2015), S. 66

[214] Vgl. Ziegenbein, A.; Schönsleben, P. (2007), S. 69

[215] Vgl. Huth, M.; Romeike, F. (2015), S. 67

[216] Vgl. Huth, M.; Romeike, F. (2015), S. 67

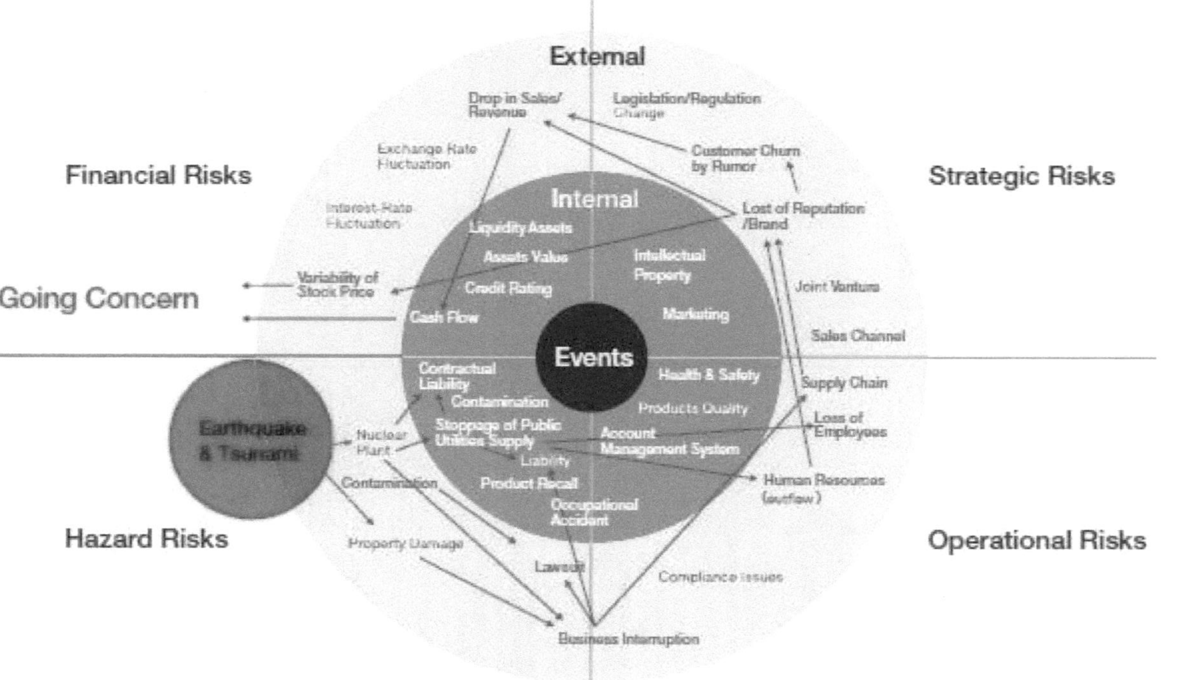

Abbildung 18: Dominoeffekte des Tōhoku-Erdbebens in Japan
(Quelle: World Economic Forum (2012), S.32)

Für eine Visualisierung des Netzwerks und der Beziehungen eignen sich beispielsweise Supply Chain oder Value Stream Maps.[217]

Für die anschließend eigentliche Risikoidentifikation lassen sich nach *Romeike*[218] zwei Methoden unterscheiden: das *Kollektions-* und *das Suchverfahren.*

Die *Kollektionsmethoden* sind dabei vorwiegend zur Identifikation bestehender und offensichtlicher Risiken geeignet. Bei den *Suchmethoden* wird zwischen analytischen und Kreativitätsmethoden unterschieden. Bei den *Suchmethoden* wird der Fokus auf die Identifizierung von zukünftigen und bisher unbekannten Risikopotentialen gelegt (proaktives Risikomanagement). Abbildung 19 bietet eine Übersicht über die möglichen Methoden zur Risikoidentifikation.

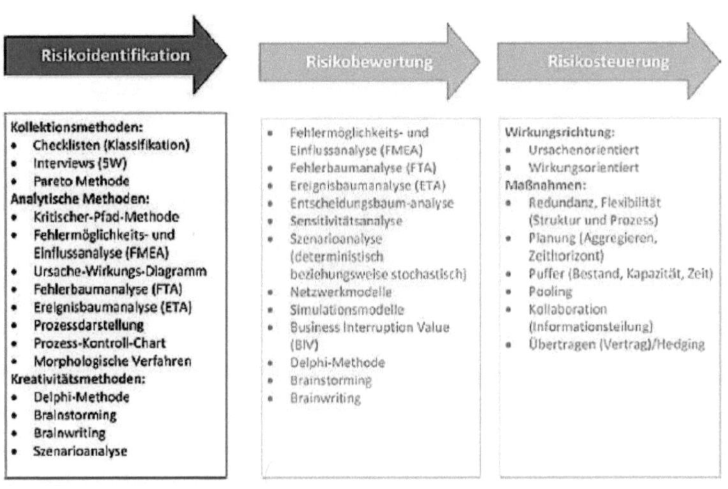

Abbildung 19: Methoden zur Risikoidentifikation
(Quelle: In Anlehnung an Huth, M.; Romeike, F. (2015), S. 66)

In der Praxis ist die am häufigsten angewendete Form Risiken zu identifizieren, die Verwendung von *Checklisten.*[219] Diese eigenen sich i.d.R. zur Identifikation der Risikoquellen und damit den Ursachen von Risiken. Mit einer Checkliste lassen sich nur bekannte Risiken aufschlüsseln. Unbekannte oder potentielle Risiken

---

[217] Vgl. Böger, M. (2010), S. 58
[218] Vgl. Romeike, F.; Finke, R. (2013), S. 174
[219] Vgl. Huth, M.; Romeike, F. (2015), S. 74

können mit dieser Methode nicht entdeckt werden, weshalb sie daher allenfalls als Ausgangspunkt für die Risikoidentifikation dienen.[220]

Eine *Risiko-Identifikations-Matrix* (RIM) beispielsweise liefert hingegen als qualitative Methode eine strukturierte Erfassung potenzieller Risikoursachen und Auswirkungen sowie vor allem ihrer Beziehungen zueinander.[221] Risikopotentiale im Produktionsbereich wie z.B. drohende Engpässe, welche möglicherweise den gesamten Produktionsprozess zum Stillstand bringen, lassen sich über eine prozessorientierte Darstellung aufdecken.[222] Dabei werden unternehmenskritische bzw. problembehaftete Abläufe in sog. *Produktionsflussplänen* sichtbar gemacht. Produktionsflusspläne lassen sich um die Beziehungen zu externen Partnern erweitern, wobei eine etwaig bestehende Störung im Materialfluss zu Zuliefer- und Kundenunternehmen auf diese Weise analysiert werden kann.[223] Um den Informationsstand des eigenen Unternehmens zu erweitern, verweist *Haindl* an diesem Punkt auf die Durchführung von Betriebsbesichtigungen zur Identifikation und Erfassung unternehmensübergreifender Risiken.[224]

Das Ergebnis der Risikoidentifikation stellt einen Katalog dar, welcher alle relevanten Supply Chain Risiken zusammenfasst.[225] Aufgrund der Komplexität einiger Supply Chains werden bestimmte Supply Chain Äste priorisiert, damit kritische Lieferanten oder Produktgruppen für den weiteren Verlauf im Fokus stehen.

4.6.2 Risikoanalyse und -bewertung

Im Anschluss an die Risikoidentifikation, folgt die Prozessphase der Risikoanalyse und -bewertung, welche auf den Ergebnissen der Risikoidentifikation basiert. Das Ziel dieser Phase ist es, die im Risikokatalog aufgelisteten Risiken und ihre Folgen auf das Unternehmen bzw. die Supply Chain zu verstehen und zu priorisieren.[226]

---

[220] Vgl. Huth, M.; Romeike, F. (2015), S. 74

[221] Vgl. Huth, M.; Romeike, F. (2015), S. 75

[222] Vgl. Czaja, Lothar (2009), S. 90

[223] Vgl. Czaja, Lothar (2009), S. 90

[224] Vgl. Haindl, A.; Kromschröder, B. et al. (1996), S. 42-44

[225] Vgl. Ziegenbein, A.; Schönsleben, P. (2007), S. 69

[226] Vgl. Böger, M. (2010), S. 58

Als Bewertungsmethodik kann zwischen der *„Top-down"*- oder der *„Bottom-up"* Methode gewählt werden.[227]

Entscheidet sich das Unternehmen für die Top-down-Methode, so stehen die Auswirkungen der Risiken im Vordergrund. Es werden dazu Daten der Gewinn- und Verlustrechnung wie Erträge, Kosten oder das Betriebsergebnis in Bezug auf deren Volatilitäten untersucht. Diese Methode bietet den Vorteil einer relativ schnellen Erfassung der Hauptrisiken aus strategischer Sicht, kann jedoch auch dazu führen, dass bestimmte Risiken nicht erfasst oder Korrelationen zwischen Einzelrisiken nicht exakt bewertet werden.[228] Beim Bottom-up-Ansatz werden die potenziellen Ursachen der verschiedenen Risiken in den Fokus gerückt. Mit Hilfe von Ursache-Wirkungs-Ketten werden hierbei potentielle Szenarien hergeleitet. Dieser Ansatz bietet v.a. den Vorteil, dass sämtliche Geschäftsprozesse auf einer granularen Ebene erfasst und analysiert werden können.[229] Dieser Ansatz ist jedoch im Vergleich zur Top-Down-Methode deutlich aufwendiger. In der Praxis wird daher eine Kombination aus beiden Ansätzen angestrebt.[230]

Traditionell werden die Risiken anschließend anhand der beiden Dimensionen Eintrittswahrscheinlichkeit und Schadensausmaß quantifiziert. Die Multiplikation dieser beiden Faktoren ergibt den Erwartungswert (siehe Kapitel 3.2).[231] Das Ergebnis der Bewertung stellt ein Risikoportfolio (auch *Riskmap*) dar, worin die Supply Chain Risiken verdichtet und visualisiert sind (sieheAbbildung Abbildung 20).

---

[227] Vgl. Huth, M.; Romeike, F. (2015), S. 69

[228] Vgl. Huth, M.; Romeike, F. (2015), S. 69

[229] Vgl. Huth, M.; Romeike, F. (2015), S. 69

[230] Vgl. Romeike, F.; Hager, P. (2013), S. 115

[231] Vgl. Romeike, F.; Finke, R. (2013), S. 183f.

Abbildung 20: Risikoportfolio mit Risikoklassen[232]
(Quelle: Seibold, H. (2006), S. 86)

Die Risk-Map gibt einen Gesamtüberblick über die Risiken eines Unternehmens und kann den Entscheidungsträgern eine erste Grundlage zur Risikosteuerung und -kontrolle bieten. Eine Gesamtübersicht über gängige Methoden zur Risikobewertung liefert Abbildung 21.

---

[232] Im Beispiel ist eine Riskmap als Bubblechart dargestellt, wobei die Sachverhalte nicht als Punkte, sondern als Kreise (Bubbles) dargestellt werden. Der Durchmesser der Kreise verdeutlicht dabei die Anzahl der Szenarien je Kategorie.

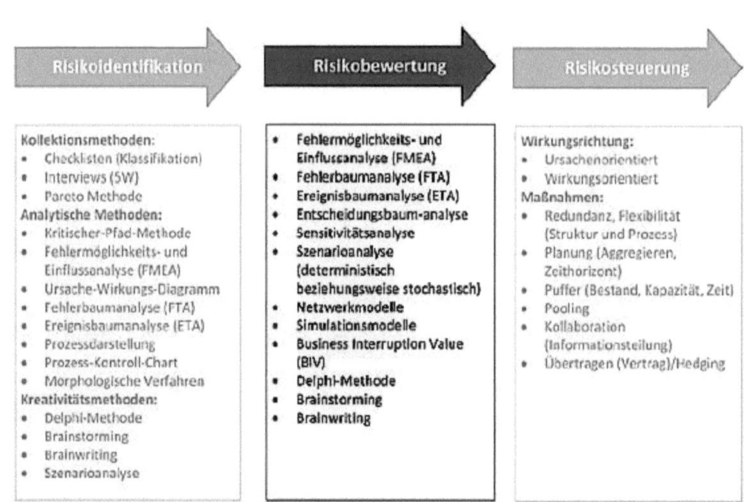

Abbildung 21: Methoden zur Risikobewertung
(Quelle: : In Anlehnung an Huth, M.; Romeike, F. (2015), S. 66)

4.6.3 Risikosteuerung

Im Anschluss an die Risikobewertung ist von den beteiligten Unternehmen zu bestimmen wie die Risiken behandelt werden sollen; es geht im Kern darum die Risiken aktiv zu steuern.[233] Das Ziel dieser Phase ist die Auswahl einer geeigneten Strategie und die Festlegung der dafür notwendigen Maßnahmen.[234] Die breite Masse an Risiken (siehe Kapitel 4.3) verlangt individuelle Maßnahmen für jedes einzelne Risiko. Allgemein stellt bereits das Supply Chain Management an sich eine Maßnahme zur Reduktion einzelner Risiken dar.[235] Um die Auswahl der am geeignetsten erscheinenden Maßnahmen zu treffen und deren zielgerichtete Umsetzung zu verfolgen, stehen dem Unternehmen eine Reihe risikopolitischer Instrumente zur Verfügung welche, wie bereits in Kapitel 3.3.2.3 erläutert, in *ursachen-* und *wirkungsbezogene Maßnahmen* untergliedert werden. [236] Ein Beispiel für eine *ursachenbezogene Maßnahme* stellen (eventuell zusätzliche) Mengenkontrollen an geeigneten Stellen im Kommissionier-, Verpackungs- und Versandpro-

---

[233] Vgl. Böger, M. (2010), S. 62, Seibold, H. (2006), S. 135f.

[234] Vgl. Seibold, H. (2006), S. 136

[235] Vgl. Vahrenkamp, R. (2007), S. 30

[236] Vgl. Vahrenkamp, R. (2007), S. 46ff.

zess dar, wodurch die Eintrittswahrscheinlichkeit für Falschmengen in der Distribution verringert werden soll.[237] Dagegen können zusätzliche Lagerbestände im Teilelager die negativen Auswirkungen von verspäteten Lieferungen dämpfen (*wirkungsbezogene Maßnahme*). Erhöhte Sicherheitsbestände zeigen sich jedoch nur bedingt wirksam und haben den Nachteil eines erhöhten Koordinationsaufwandes sowie erhöhten Kosten. Auch die Studie "Global Trade Management Agenda 2014" des Software-Unternehmens AEB und der Dualen Hochschule Baden-Württemberg (DHBW) Stuttgart fand heraus, dass 52,7 Prozent der befragten Teilnehmer die Strategie des bewussten Bestandsaufbaus grundsätzlich ablehnen[238] und es sich somit um keine nachhaltige Problemlösung handelt. Am häufigsten in der Praxis sind Risikotransferstrategien.[239] Sie zeichnen sich dadurch aus, dass Risiken vom Risikoträger auf einen Dritten ganz oder zumindest teilweise übertragen werden. Auch Instrumente der Risikoreduzierung kommen zur Anwendung. So sind beispielsweise die Reduzierung der Lieferantenentfernung (Local statt Global Sourcing) oder die Verbreiterung der Lieferantenbasis (Multiple Sourcing statt Dual oder Single Sourcing) in über einem Drittel der Unternehmen zu finden.[240] Eine komplette Risikovermeidung, die sich etwa durch ein In-Sourcing, also die Rückverlagerung von Aktivitäten in das eigene Unternehmen ergeben, wird mit 25,3 Prozent am seltensten angewendet.[241] Dies steht womöglich in Zusammenhang mit den Chancen, welche dadurch vertan werden könnten.(siehe Kapitel 3.1)

Eine Übersicht über die gängigen Methoden der Risikosteuerung liefert Abbildung 22.

---

[237] Vgl. Huth, M.; Romeike, F. (2015), S. 71

[238] Vgl. RiskNET GmbH (2014)

[239] Vgl. RiskNET GmbH (2014)

[240] Vgl. RiskNET GmbH (2014)

[241] Vgl. RiskNET GmbH (2014)

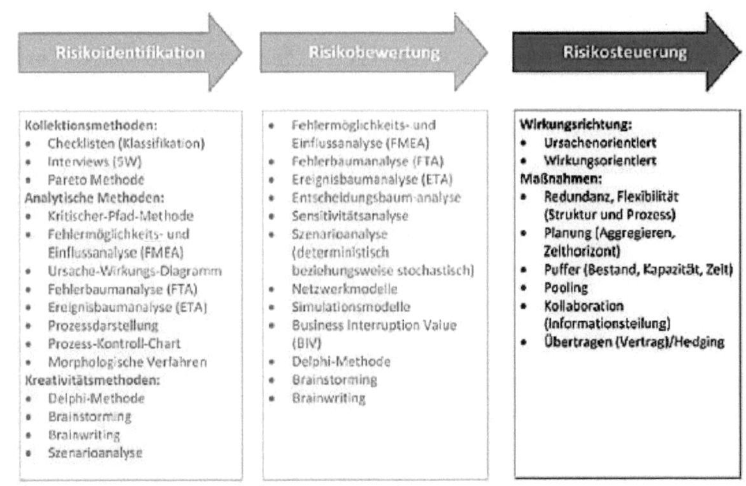

Abbildung 22: Methoden zur Risikosteuerung
(Quelle: In Anlehnung an Huth, M.; Romeike, F. (2015), S. 66)

4.6.4 Risiko- und Maßnahmenüberwachung

Die Risikoüberwachung schließt eine Iteration des Risikomanagementprozesses ab.[242] In dieser Phase wird die Effektivität der im Rahmen der Risikosteuerung getroffenen Maßnahmen überprüft und das Risikoportfolio (siehe Abbildung 20) auf Veränderungen überwacht. Bei einem Überschreiten von kritischen Werten muss durch die Risikoüberwachung ein neuer Steuerungszyklus initiiert werden.[243]   Der letzte Schritt ist essenziell, um die Nachhaltigkeit des Risiko-Modells zu gewährleisten. Sich ständig veränderte Chancen und Risiken bedingen daher, dass die vorhergenannten Schritte nicht einmalig, sondern kontinuierlich durchlaufen werden.

---

[242] Vgl. Junginger, M. (2005), S. 303
[243] Vgl. Junginger, M. (2005), S. 303

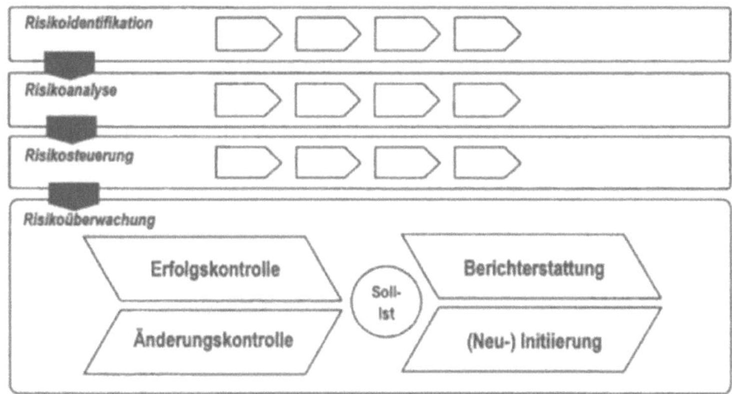

Abbildung 23: Organisatorische Gestaltung des Teilprozesses Risikoüberwachung (Quelle: Junginger, M. (2005), S. 303)

In der Praxis erweist sich die Erfolgsmessung risikopolitischer Maßnahmen nach *Czaja* als „äußerst problematisch".[244] Auch wenn die im Zuge der Risikoabwendung entstandenen Kosten noch relativ einfach zu bestimmen sind, lässt sich den in Form höherer Sicherheit auftretenden Nutzen der risikopolitischer Maßnahmen bedeutend schwieriger quantifizieren, da die Anwendung üblicher Kosten-Nutzen- Kalküle hierbei wegfällt.[245] Stattdessen liefern fortwährende Rückmeldungen aus der Risikoüberwachung in Form von *Risikochecklisten* oder *Risikoerfassungsbögen* wichtige Informationen über die Wirksamkeit der eingeleiteten Steuerungsmaßnahmen und bilden die Grundlage für ein langfristig erfolgreiches Risikomanagement.

4.7 Zusammenfassung

Auch wenn Unternehmen, die in einem Wettbewerbsumfeld agieren, schon immer Risiken ausgesetzt waren, scheint es als wenn sich die Risikosituation vieler Unternehmen verändert und tendenziell verschlechtert hat.[246] Das Auftreten neuer Risiken aber auch die engere Zusammenarbeit der Unternehmen in Wertschöpfungsnetzwerken lässt sich dabei auf verschiedene Risikotreiber wie z.B. die fortschreitende Globalisierung der Wertschöpfungsnetzwerke und auf die starke Effi-

---

[244] Vgl. Czaja, Lothar (2009), S. 94

[245] Vgl. Czaja, Lothar (2009), S. 94

[246] Vgl. Kersten, W.; Hohrath, P. et al. (2008), S. 10

zienzfokussierung dieser Netzwerke zurückführen. Im Rahmen dieses Kapitels wurde neben den Risikotreibern, die Definition des Supply Chain Risiko Begriffs, die Merkmale des Supply Chain Risikomanagements und ein Systematisierungsansatz für Supply Chain Risiken aufgeführt. Bei den Risikoarten wurde erkannt, dass vor allem die Versorgungsrisiken in der heutigen Wirtschaft eine übergeordnete Rolle spielen. Zudem wurde die Erkenntnis erlangt, dass Zielkonflikte zwischen den Supply Chain Management Zielen und den Sicherheitszielen herrschen. Dies stellt ein Grund dar, warum bei der Einführung von Supply Chain Management Ansätzen die Verwundbarkeit der Wertschöpfungsketten steigt.

Darüber hinaus wurden in diesem Kapitel Beispiele und gängige Methoden des Risikomanagementprozesses zu jedem Teilschritt aufgezeigt, um einen Einblick in die unternehmerische Praxis zu geben. Dem Teilschritt der Risikoidentifikation wird dabei eine bedeutende Rolle zugeteilt, da nicht-identifizierte Risiken im weiteren Verlauf des Prozesses auch nicht behandelt werden können.

5 Analyse und Evaluierung bestehender Risikomanagementansätze und -methoden in Supply Chains

Wie aus Kapitel 2 hervorgegangen, verfolgt das Supply Chain Management das Ziel unternehmensinterne und unternehmensübergreifende logistische Wertschöpfungsketten zu optimieren. Gerade dieser Optimierungsfokus ist heute aktueller denn je.[247] Während die meisten Unternehmen in den vergangenen Jahren ihr Augenmerk auf die Verbesserung innerbetrieblicher Abläufe richteten, blieben Effizienzpotenziale an den unternehmensübergreifenden Schnittstellen weiterhin ungenutzt. Durch die fehlende Koordination der Prozesse und Integration der Informationssysteme zwischen den einzelnen Akteuren einer Wertschöpfungskette steigt das Risiko von schlechter Lieferfähigkeit und geringer Reagibilität.[248]

Neue technologische Entwicklungen wie z. B. e-Business ermöglichen die engere Zusammenarbeit der Unternehmen einer Wertschöpfungskette.[249] Beispielsweise können über elektronische Marktplatze oder über den direkten Datenaustausch durch Web-EDI Vorgänge der Supply Chain vereinheitlicht werden. Mit Hilfe neuer SCM-Konzepte soll eine erhöhte Transparenz über die Wertschöpfungskette erreicht, die Komplexität vernetzter Geschäftsprozesse beherrschbar gemacht und eine verbesserte Reagibilität ermöglicht werden.[250] Kernelement der neuen SCM-Konzepte bildet die unternehmensübergreifende Integration der Geschäftsprozesse und damit auch eine gezielte Integration der oft heterogenen Softwaresysteme.

In diesem Kapitel geht es darum, die bestehenden Risikomanagement-Ansätze in Supply Chains hinsichtlich ihrer unternehmensübergreifenden Ausrichtung zu analysieren. Zu Beginn des Kapitels wird der Fokus gezielt auf die Hindernisse zur Implementierung eines unternehmensübergreifenden Risikomanagements gesetzt. Dazu werden insbesondere die allgegenwärtigen Methoden in Risikomanagement untersucht und evaluiert. Darauf aufbauend wird die Relevanz der Datenverfügbarkeit über die gesamte Supply Chain bezüglich dieser Thematik diskutiert und der aktuelle Stand in den Unternehmen betrachtet. Zusätzlich werden verfügbare Datenquellen kategorisiert und deren Nutzung aufgezeigt.

---

247 Vgl. Busch, Axel; Dangelmaier, Wilhelm (2004), S. V
248 Vgl. Busch, Axel; Dangelmaier, Wilhelm (2004), S. V
249 Vgl. Busch, Axel; Dangelmaier, Wilhelm (2004), S. V
250 Vgl. Busch, Axel; Dangelmaier, Wilhelm (2004), S. V

Im nächsten Schritt werden die Auswirkungen der digitalen Transformation der
Supply Chains erläutert. Daraus sollen die bedeutendsten Technologien für die
Unternehmen erörtert werden. Darauf aufbauend wird der Datenaustausch zwi-
schen den Teilnehmern einer Supply Chain exploriert.

5.1 Hindernisse für die Adoption eines unternehmensübergreifenden Supply-Chain-Risikomanagements

Nicht zuletzt durch die Vorfälle der vergangenen Jahre, bei denen eine Störung
innerhalb der Supply Chain Auswirkungen auf das komplette Netzwerk hatte, ist
eine erhöhte Relevanz der Bedeutung eines unternehmensübergreifenden Risikomanagements zuzuschreiben. Empirische Studien belegen, dass die Notwendigkeit eines Supply Chain Risikomanagement bereits erkannt wurde. So nannten
die meisten Experten aus dem Bereich Logistik und Einkauf in einer Umfrage vor
allem die Gründe, welche in Zusammenhang mit den Verwundbarkeitstreibern
(siehe Kapitel 4.4) stehen, die wichtigsten Motive für die Einführung eines unternehmensübergreifenden Risikomanagements zu sein.[251] Die immer engere Zusammenarbeit der Unternehmen in den Wertschöpfungsketten stellt dabei den
Hauptgrund dar, das Risikomanagement unternehmensübergreifend auszule-
gen.[252]

Trotz dieser Erkenntnis ist bei kleinen- und mittelständischen Unternehmen
(KMU) und auch bei vielen größeren Unternehmen die unternehmensübergreifende Umsetzung häufig nur in Ansätzen vorhanden ist.[253] Abbildung 24 verdeutlicht die unternehmensinternen und unternehmensexternen Ursachen beziehungsweise Barrieren für ein Supply-Chain-Risikomanagement.

---

[251] Vgl. Kersten, W.; Hohrath, P. et al. (2008), S. 16

[252] Vgl. Kersten, W.; Hohrath, P. et al. (2008), S. 16

[253] Vgl. Kersten, W. (2008)

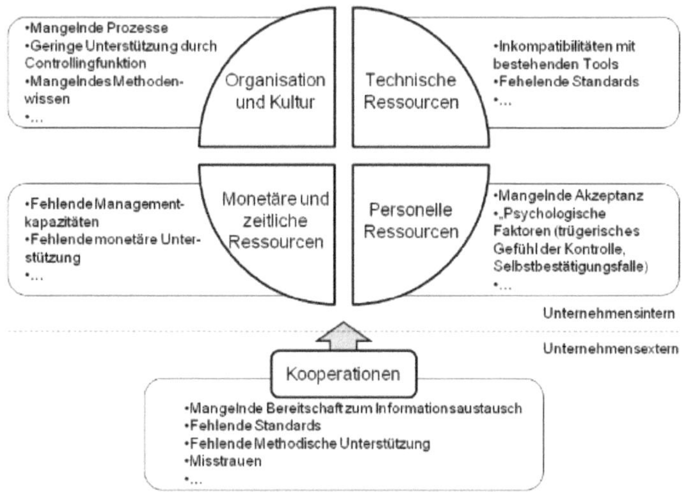

Abbildung 24: Barrieren bei der Einführung eines Supply-Chain- Risikomanagements (Quelle: Kersten, W.; Institut für Logistik und Unternehmensführung (2009), S.15)

Zusätzlich wurde in einer von der ETH Zürich, im Jahr 2015 durchgeführten Studie bei 1266 im Einkauf tätigen Personen gezeigt, dass das Risikomanagement nur bei 44 Prozent der befragten Personen als Hauptaufgabe im Unternehmen wahrgenommen wird.[254] Risikomanagement ist also nicht die erste Priorität der Hauptaufgaben, auch wenn ein eintretendes Risiko weitreichende Folgen für das Unternehmen haben kann.

Im Rahmen dieser Arbeit wird primär der Fokus auf die *unternehmensexternen Barrieren* gemäß einer Supply Chain gelegt. Die unternehmensexternen Barrieren sind vor allem auf die mangelnde Inkompatibilität von Informationssystemen und Standards in den Unternehmen entlang der Supply Chain zurückzuführen, woraus Systeminkompatibilitäten und Dateninkonsistenzen resultieren können.[255] Bei einer aktuellen Studie von *Hermes Germany* gaben 60 Prozent der Unternehmen an, dass die Nutzung unterschiedlicher IT-Systeme die Zusammenführung von Informationen behindere.[256]

---

[254] Vgl. Grosse-Ruyken, P.-T. (2015), S. 18

[255] Vgl. Gül, O. (2013), S. 16

[256] Vgl. Hermes Team (2017)

Mehrere Schwachstellen, die bei der Umsetzung des modernen Risikomanagements in der Praxis auftreten, wurden identifiziert. Zu derartigen Schwachstellen zählen unter anderem[257]:

- eine fehlende oder unvollständige Risikolandschaft (auch als Risikoinventar oder Risikomatrix bezeichnet),

- keine adäquaten risikorelevanten Informationen auf den unterschiedlichen Hierarchieebenen und in unterschiedlichen Granularitätsstufen,

- die redundante und inkonsistente Erfassung und Speicherung von Daten,

- der fehlende Überblick über die Risikolage eines Unternehmens in der Form eines aggregierten Gesamtrisikoumfangs,

- fehlende beziehungsweise gestörte Informations- und Kommunikationswege sowie -abläufe,

- eine nicht ausreichend informierte beziehungsweise sensibilisierte Unternehmensleitung,

- eine verzögerte oder nicht fundierte Entscheidungsfindung.

Aus den genannten Schwachstellen geht hervor, dass vor allem ein ineffizienter Umgang mit Daten innerhalb der Supply Chain allgegenwärtig ist. Die große Menge an prinzipiell verfügbaren Informationen führt nicht notwendigerweise auch zu fundierteren Entscheidungen. Vielmehr sehen sich Entscheidungsträger aufgrund der Informationsflut zunehmend außerstande, Wichtiges von Unwichtigem zu unterscheiden, die bereitgestellten Informationen hinsichtlich ihrer Glaubwürdigkeit zu überprüfen sowie den Informationsgehalt unklarer bzw. verzerrt dargestellter Informationen zu bewerten.[258] Dieser in der unternehmerischen Praxis häufig anzutreffende Umgang mit Informationen verhindert die Bereitstellung der richtigen Informationen zum richtigen Zeitpunkt in der für das Entscheidungsproblem richtigen Aufbereitung und führt zu der „paradoxen Situation einer Informationsarmut im Informationsüberfluss"[259]. Auch bei einer Befragung von *Hermes Germany* gab jeder fünfte Teilnehmer an, dass die Komplexität der Lieferkette so hoch sei, dass die Risiken kaum zu kontrollieren seien[260].

---

[257] Vgl. Huth, M.; Romeike, F. (2015), S. 101f.

[258] Vgl. Czaja, Lothar (2009), S. 126

[259] Vgl. Nieschlag, R.; Dichtl, E. et al. (1997), S. 1005

[260] Vgl. Hermes Team (2017)

Darüber hinaus fehlt häufig die Bereitschaft der einzelnen Unternehmen Informationen auszutauschen[261], was zu Informationsasymmetrien und mangelnder Transparenz über die Abläufe in der Supply Chain führt. Die mangelnde Transparenz erschwert dabei das unternehmensübergreifende Risikomanagement sowohl direkt, indem die Sichtweite der Unternehmen entlang ihrer Supply Chain einschränkt, als auch indirekt, indem der Aufbau von Vertrauen unter den Unternehmen erschwert wird. Je geringer die Sichtweite eines Unternehmens entlang seines eigenen Wertschöpfungsnetzwerkes ist, desto weniger Supply Chain Risiken sind für dieses Unternehmen sichtbar. Denn Risiken eines Supply Chain Partners, die indirekt auf ein Unternehmen wirken, können von diesem nur wahrgenommen werden, wenn die Risikoquelle, also der entsprechende Supply Chain Partner, innerhalb des Wahrnehmungshorizontes dieses Unternehmens liegt.[262] Auch nach Meinung von Experten ist die mangelnde Transparenz und fehlende Verständigung innerhalb der Netzwerke das primäre Hindernis für die Umsetzung eines Supply-Chain-Risk-Managements.[263]

Diese Arbeit richtet ihr Hauptaugenmerk auf die *Informationsasymmetrien* innerhalb der Supply Chain und die daraus resultierende *mangelnde Transparenz*. Dies ist zum einen damit begründet, dass Informationsasymmetrien bzw. die mangelnde Transparenz als Folge, die Hauptgründe für die Versorgungs- bzw. - Lieferrisiken sind, und sich somit auf die bedeutendsten Risiken für Unternehmen auswirken (siehe Kapitel 4.3). So wurde 2013 durch das *Business Continuity Institute* eindrucksvoll unterlegt, dass 42 % aller Lieferkettenunterbrechungen aus Ebenen unterhalb der direkten Lieferanten resultieren.[264] Zum anderen sind diese Faktoren, wie in diesem Abschnitt dargestellt, die Haupthindernisse zur Umsetzung eines unternehmensweiten Risikomanagements.

Neben den Informationsasymmetrien bzw. der mangelnden Transparenz als unmittelbare Auswirkung werden außerdem der *Umgang mit den Daten* und die daraus resultierende *Komplexität* im weiteren Verlauf der Arbeit behandelt. So werden häufig sämtliche Risiko- und Lieferanteninformationen in Excel-Listen ge-

---

[261] Vgl. Kersten, W.; Hohrath, P. et al. (2008), S. 18

[262] Vgl. Kersten, W.; Hohrath, P. (2008), S. 55

[263] Vgl. Kersten, W.; Hohrath, P. et al. (2008), S. 18

[264] Vgl. Riskmethods (2013), S. 9

sammelt, wobei die ständig wachsende Datenflut irgendwann nicht mehr händisch zu bewältigen ist.[265]

5.1.1 Grenzen der Methoden im Supply Chain Risikomanagementprozess

Die Mehrzahl der genannten Methoden des Supply Chain Risikomanagementprozesses aus Kapitel 4.6 sind konzeptionell bereits vor Ende des letzten Jahrhunderts oder früher entstanden.[266] Gerade vor diesem Hintergrund scheinen einige der Methoden Kompetenzdefizite aufzuweisen.[267] Auch sind sehr viele Methoden den Verantwortlichen vor allem in kleineren Unternehmen nicht bekannt.[268]

Das Beispiel von Kapitel 4.4.1, bei dem die Auswirkungen des Tōhoku-Erdbebens dargestellt sind, verdeutlicht, dass in aller Regel der Eintritt einer Risikosituation nicht monokausal auf einen einzigen Auslöser zurückzuführen ist. Vielmehr wird sie erst durch das Zusammenwirken einer ganzen Reihe von Einflussfaktoren ausgelöst bzw. nachhaltig verstärkt. Daher gestaltet es sich entsprechend schwierig, bestimmte, konkrete Ursachen und übereinstimmende Merkmale herauszugreifen, anhand derer sich eine Risikosituation charakterisieren, analysieren, oder gar quantifizieren ließen.[269]

Eine Analyse verschiedener Best-Practice-Ansätze und -Studien aus dem Bereich „Supplier Risk Management" sowie wissenschaftlicher Forschungsarbeiten ergab, dass in der Theorie und Praxis des unternehmensinternen Risikomanagements zwar viele Möglichkeiten existieren, Risiken zu identifizieren und über mathematische und stochastische Modelle zu bewerten und zu aggregieren, sich diese, primär quantitativen Verfahren, größtenteils im Bereich des Supplier Risk Managements nicht anwenden lassen.[270] Der wesentliche Unterschied zwischen dem System des internen Risikomanagement und dem des unternehmensübergreifenden Risikomanagement besteht in der Informationsbeschaffung, was vor allem im letztgenannten ein großes Problem darstellt.[271] Dadurch ist es in der Praxis im Bereich des Supplier Risk Managements derzeit nur selten möglich, ausreichend

---

[265] Vgl. Pöhlmann, K.-H. (2016), S. 19

[266] Vgl. RiskNET GmbH (2014)

[267] Vgl. RiskNET GmbH (2014)

[268] Vgl. RiskNET GmbH (2014)

[269] Vgl. Romeike, F.; Finke, R. (2013), S. 46

[270] Vgl. Bogaschewsky, Ronald; Eßig, Michael; Lasch, Rainer; Stölzle, Wolfgang (2013), S. 230

[271] Vgl. Bogaschewsky, Ronald; Eßig, Michael; Lasch, Rainer; Stölzle, Wolfgang (2013), S. 230

Daten zu generieren, um adäquate quantitative Verfahren anwenden zu können. Aufgrund fehlender Verfügbarkeit oder mangelnder Qualität der Daten verlassen sich Unternehmen eher auf ihr Bauchgefühl als systematische Methoden anwenden zu können.[272]

Selbst wenn Daten prinzipiell verfügbar sind, so scheitert es oft am Aufwand zur Analyse und Aufbereitung, aufgrund des Datenvolumens und der Heterogenität der Daten.[273] Die geringe Datenbasis führt somit dazu, dass zumeist qualitative Verfahren angewendet werden, die aufgrund des Subjektivität-Aspekts eine geringere Prognosegenauigkeit aufweisen.[274] Auf die Datenverfügbarkeit entlang der Wertschöpfungsketten wird im Folgenden näher eingegangen.

5.1.2 Datengenerierung und -verfügbarkeit – Status quo

Die Verbreitung eines integrierten Supply-Chain-Risk-Managements mit einer gemeinsamen Identifikation, Analyse, Bewertung, Steuerung, Überwachung und Kommunikation von entlang Wertschöpfungsketten auftretenden Risiken ist in der Praxis, wie im vorherigen Abschnitt angesprochen, nur gering.[275]

Eine Voraussetzung, um die mit dem auf Supply-Chain-Ebene eingerichteten unternehmensübergreifenden Risikomanagementprozess verbundenen Ziele erreichen zu können, ist die enge Zusammenarbeit und die schnellstmögliche Übermittlung von Supply-Chain-relevante Informationen im Wertschöpfungsnetzwerk an den oder die richtigen Adressaten.[276] Das dies in der Praxis noch nicht häufig von den Unternehmen gelebt wird, ist insbesondere auf die grundsätzlich vorliegende Abneigung von Unternehmen zur Offenlegung und zum Austausch sensibler Informationen, auch zwischen kooperierenden und eng zusammenarbeitenden Partnerunternehmen, zurückzuführen.[277] Unternehmen kämpfen seit Jahren darum, Zugriff auf die Daten ihrer erweiterten Lieferkette zu erhalten, um diese zur Entscheidungsfindung auszuwerten.[278]

---

272 Vgl. Bogaschewsky, Ronald; Eßig, Michael; Lasch, Rainer; Stölzle, Wolfgang (2013), S. 231
273 Vgl. Leveling, J.; Schier, A. et al. (2014), S. 2
274 Vgl. Bogaschewsky, Ronald; Eßig, Michael; Lasch, Rainer; Stölzle, Wolfgang (2013), S. 231
275 Vgl. Czaja, Lothar (2009), S. 122
276 Vgl. Czaja, Lothar (2009), S. 122
277 Vgl. Jüttner, U. (2005), S. 130f.
278 Vgl. GT Nexus (2016), S.), S. 7

Das gegenwärtige Risiko von Fehlentscheidungen resultiert allgegenwärtig aus einem Mangel an Informationen in der erweiterten Lieferkette, über die[279]:

- Bestelllaufzeiten
- momentaner Auftragsstatus
- Bedarfsprognosen
- Liefermöglichkeiten des Lieferanten
- Fertigungskapazität
- Qualität der Produkte
- Transportzuverlässigkeit
- erbrachten Dienstleistungen

Momentan ist es gängige Praxis, dass die Mitarbeiter Informationen manuell erfassen, auswerten und auf dieser Basis Entscheidungen treffen, was zeitraubend und fehleranfällig ist.[280] Der manuelle Aufwand beziffert sich bei einem Unternehmen- selbst bei guter Prozessunterstützung durch elektronische Lieferanten-Selbstauskünfte – auf ungefähr 30 Minuten pro Jahr und Lieferant für[281]:

- Versand oder Aktivierung des Fragebogens (z. B. via Lieferantenselbstauskünfte),
- Nachfassen bei unbeantworteten Fragebogen,
- Nachfassen bei unvollständigen, fehlerhaften Antwortbogen
- Übertrag der Antworten (Sub-Tier-Lieferantenstammdaten, Logistik-Knotenpunkte, Daten zu Recovery-Zeiträumen etc.) in das Risiko-Monitoring,
- Anfrage einzelner Risiko-Datenquellen:

  Bonitäten

  GeoRisikoprofile

  CSR-Auskünfte

  Sanktionsprüfungen

  Länderrisiken

---

[279] Vgl. Martin Christopher Hau Lee (2004), S. 5

[280] Vgl. Zillmann, M. (2016), S. 11

[281] Vgl. Riskmethods (2013), S. 9

- Bekannte Indikatoren zu Lieferanten[282]:

  Qualität

  Liefertreue

  Anlieferqualität

  Value-at-Risk, das heißt das von den Lieferanten abhängige Umsatzvolumen

Unterstellt man bei der 2nd-Tier-Identifizierung, dass sich geschätzt im Durchschnitt fünf Sub-Lieferanten identifizieren lassen, so beläuft sich der Aufwand allein bei 100 1st-Tier-Lieferanten auf 300 Arbeitsstunden.[283]

Zusätzlich befinden sich die Daten üblicherweise in den eigenständigen Systemen der einzelnen Wertschöpfungspartner innerhalb der Supply Chain: es herrscht Silo-Mentalität. In Zusammenhang von Informationen und Prozessen versteht man unter einem Silo das Denken in geschlossenen Einheiten.[284] In der Supply Chain werden die Daten somit nicht ganzheitlich, sondern isoliert voneinander betrachtet.

Selbst in bereits automatisierten digitalisierten Prozessen verhindern oft divergierende Systeme, fehlende Schnittstellen und mangelhafte Stammdatenqualität die schnelle Bereitstellung von Daten über die Vorgänge in der Supply Chain.[285] Diesen Zustand geben über die Hälfte (52%) der Befragten in einer aktuellen Studie als allgegenwärtig in ihrem Unternehmen an, bei dem weniger als 25% der Daten entlang der erweiterten Lieferkette zugänglich sind.[286]

Bei der 5-Jahres-Prognose erwarten hingegen 54% der Befragten, dass die Mehrheit der Daten entlang der erweiterten Lieferkette für sie zugänglich sein wird und 68%, dass diese zur Entscheidungsfindung analysiert werden (siehe Abbildung 25).

---

[282] Vgl. Pöhlmann, K.-H. (2016), S. 20

[283] 100 1st-Tier Lieferanten + 500 2nd-Tier-Lieferanten x 0,5 h Ident- & Pflegeaufwand je Datensatz = 300h p. a.

[284] Vgl. Kreutzer, R. T. (2016), S. 178

[285] Vgl. Zillmann, M. (2016), S. 11

[286] Vgl. GT Nexus (2016), S. 7

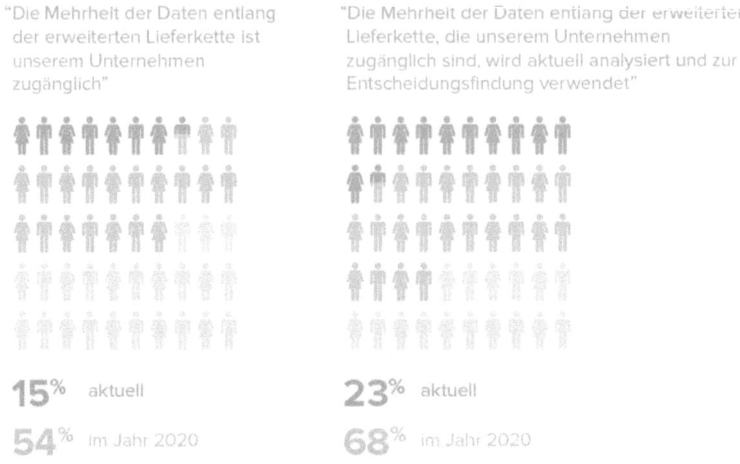

Abbildung 25: Aktueller Stand und 5-Jahres-Prognose bezüglich der Datenverfügbarkeit entlang der Supply Chain
(Quelle: GT Nexus (2016), S. 9)

In vielen Unternehmen fehlt zudem eine vollständige Übersicht über die gesamte Lieferkette. Insbesondere dann, wenn Partner wie Zulieferer, Abnehmer und Transportdienstleister in die Wertschöpfungsprozesse enger untereinander integriert werden.[287] Die Komplexität steigt durch die zunehmende Vernetzung aller Partner untereinander und auch die Anforderungen an die Steuerung der Lieferkette erhöhen sich durch die zunehmenden Abhängigkeiten; so ist kaum ein Unternehmen in der Lage, seine Lieferantenstruktur bis in die n-te Stufe hinsichtlich der Risikoaspekte zu analysieren.[288]

Somit bleiben viele Supply Chain Risiken den Unternehmen verborgen und können somit nicht im Risikomanagement berücksichtigt werden.[289]

5.1.3 Nutzung von Datenquellen

Im vorherigen Abschnitt wurde die Problematik einer mangelnden Datenverfügbarkeit entlang der Supply Chain erläutert. In diesem Abschnitt wird untersucht, welche Daten generell vorhanden sind, wie diese zu systematisieren sind und

---

[287] Vgl. Zillmann, M. (2016), S. 11

[288] Vgl. Henke, M.; Besl, R. (2008), S. 5

[289] Vgl. Kersten, W.; Hohrath, P. (2008), S. 55

welche Datenquellen momentan im unternehmerischen Alltag primär genutzt werden.

Eine Möglichkeit Datenquellen zu kategorisieren, ist eine Unterteilung in interne und externe Datenquellen. Als *interne Daten* (Unternehmensdaten) werden die Informationen bezeichnet, welche innerhalb der operativen Geschäftstätigkeit des Unternehmens anfallen.[290] Im Vergleich zu externen Quellen können Daten aus internen Quellen meist viel schneller und mit deutlich geringeren Investitionen erschlossen werden kann.[291] Innerhalb der Business-IT-Systemlandschaft eines Unternehmens werden diese erzeugt, zusammengetragen, kombiniert und in Datenbanken gespeichert.[292] In einer Datenbank eines ERP-Systems beispielsweise findet man solche strukturierten Datensätze wie beispielsweise Kundenaufträge oder Bestellungen.[293] Sie werden als strukturierte Daten bezeichnet, da in einer Struktur organisiert sind, damit man sie identifizieren kann. Die universellste Form an strukturierten Daten ist zum Beispiel eine SQL- oder Access-Datenbank.[294] Ebenfalls zu der Kategorie von internen Daten gehören Informationsätze welche in modernen Produktionssystemen erzeugt werden und bspw. Auskunft über den Zustand der eingesetzten Industrieanlagen, den Ausschuss der Produktion oder Bewegungskoordinaten von intelligenten Lagereinheiten geben, die mit Funkfrequenzidentifikation (RFID) ausgestattet sind.[295]

Externe Daten liefern beispielsweise Social-Media-Plattformen wie Facebook oder Twitter. Weitere Vertreter dieser Kategorie sind Datensätze von Datenportalen. Diese Daten sind unstrukturiert, das heißt im Gegensatz zu strukturierten Daten weisen sie keine identifizierbare Struktur auf.[296] Unstrukturierte Daten bestehen in der Regel aus Bildern, Objekten, Text und anderen Datentypen, die nicht Teil einer Datenbank sind. Weitere Beispiele von unstrukturierten Daten sind Sensor- oder Logdaten aus der Produktion, Bewegungs- oder Verkehrsdaten aus mobilen Anwendungen.[297]

---

[290] Vgl. Leveling, J.; Schier, A. et al. (2014), S. 3
[291] Vgl. Haufe (2016)
[292] Vgl. Leveling, J.; Schier, A. et al. (2014), S. 3
[293] Vgl. Gadatsch, A. (2017)
[294] Vgl. Dorion, P. (2014)
[295] Vgl. Leveling, J.; Schier, A. et al. (2014), S. 3
[296] Vgl. Dorion, P. (2014)
[297] Vgl. Gadatsch, A. (2017)

Eine Übersicht über die verschiedenen Datenquellen liefert Abbildung 26.

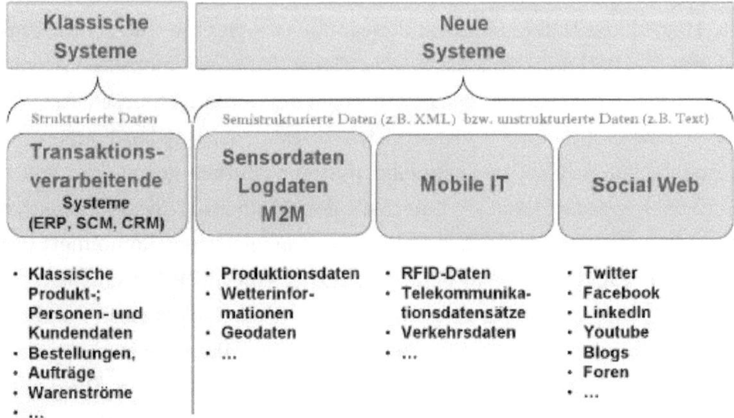

Abbildung 26: Übersicht Datenquellen
(Quelle: Gadatsch, A.; Mayer, E. (2013), S. 147)

In der Praxis nutzen derzeit Unternehmen in erster Linie noch strukturierte Daten zum Beispiel aus den ERP-Systemen und Datenbanken.[298] Dabei sind laut *Forrester Research* unstrukturierte Daten für Unternehmen etwa 1.000 Mal relevanter sind als strukturierte Daten.[299] Insgesamt kann man sagen, je personalisierter bzw. mehr im Zusammenhang stehend und je aktueller Daten sind, desto höher ist ihr Wert für ein Unternehmen.

5.2 Digitale Transformation von Supply Chains

Im Folgenden wird der aktuelle Stand zur Umsetzung von neuen Technologien in Supply Chains erörtert. Diese besitzen für den weiteren Verlauf dieser Arbeit eine bedeutende Relevanz, da erst durch ihren Einsatz eine datengetriebene Umsetzung eines Supply- Chain-Risikomanagement-Ansatzes ermöglicht wird.

Zu Beginn wird der Ansatz von „Industrie 4.0" erläutert, welcher als Überbegriff die neuen Technologien umspannt.

---

[298] Vgl. Vogel Business Media GmbH & Co. KG (2014)

[299] Vgl. Vogel Business Media GmbH & Co. KG (2014)

5.2.1 Industrie: Umstrukturierung der Wertschöpfungsketten

Eine Verschmelzung der digitalen Welt mit den industriellen Prozessen wird gegenwärtig mit dem Schlagwort „Industrie 4.0" zusammengefasst.[300] Der Begriff basiert auf dem bereits seit Jahren bekannten Konzept des „Internet(s) der Dinge – IoT"[301]. Galt das Internet zunächst als Medium für die Kommunikation zwischen Menschen mittels eines Netzwerks aus Computern, beschreibt das IoT die Vorstellung, beliebige Geräte über eine eindeutige IP-Adresse adressierbar zu machen und daher einen Datenaustausch ohne menschlichen Eingriff zu ermöglichen.[302] Die technologische Grundlage der sogenannten vierten industriellen Revolution bildet die die Integration von cyber-physischen Systemen (CPS) in die Produktion und Logistik, die[303]:

- mittels Sensoren Daten erfassen, durch integrierte Software aufbereiten und mit Aktoren auf reale Vorgänge einwirken,

- über eine Dateninfrastruktur z.B. das Internet kommunizieren,

- über Mensch-Maschine-Schnittstellen verfügen

Anders als in der Welt des Internets bisher gewohnt, verbindet „Industrie 4.0" nicht nur virtuelle Dinge, sondern ganz im Sinne des IoT reale Dinge mit virtuellen Dingen und diese mir Menschen.[304] Physische Objekte (Geräte, Gebäude, Verkehrsmittel etc.), die eine „intelligente" Komponente (Sensoren, Speichermöglichkeiten etc.) enthalten, werden als eingebettete Systeme bezeichnet. Diese eingebetteten Systeme sind heute schon vielfältig verbreitet.[305] Neu kommt hinzu, dass sie sich untereinander sowie im Internet vernetzen. Die Vernetzung ermöglicht es den einzelnen Objekten miteinander zu kommunizieren. Ein Haupttreiber dieser Integration ist die breite Verfügbarkeit von Sensornetzwerke (z. B. RFID).[306] Durch die Vernetzung aller an der Wertschöpfung beteiligter Instanzen soll eine Verfügbarkeit aller relevanten Informationen in Echtzeit erzielt werden. Logistische Prozesse und Produktionsabläufe können dadurch selbststeuernd organi-

---

[300] Vgl. Seiter, M.; Grünert, L. et al. (2017), S. 49

[301] Vgl. Seifert, W. (2005), S. 205

[302] Vgl. Sendler, U. (2013), S. 10

[303] Vgl. Obermaier, R. (2017), S. 4

[304] Vgl. Obermaier, R. (2017), S. 4

[305] Vgl. Gänßlen, S. (2015), S. 10

[306] Vgl. Niesen et al. (2016), S. 2

siert werden.[307] Das Ergebnis ist die Auflösung der klassischen Produktionshierarchie von der zentralen hin zu einer dezentralen und vom Kunden ausgelösten Steuerung.[308] Durch diese Echtzeitinformationen wird der tatsächliche Bedarf im Wertschöpfungsprozess gesteuert, was dazu führt, dass die klassischen, passiven Produktionssysteme durch sich selbst organisierte Produktionssyteme abgelöst werden.[309]

Durch die neuen Möglichkeiten besteht die Notwendigkeit der Logistikprozesse sich an die Geschwindigkeit von Industrie 4.0 anzupassen. Das bedeutet auch, dass sich die Supply Chain als Ganzes neu strukturieren muss (siehe Abbildung 27).

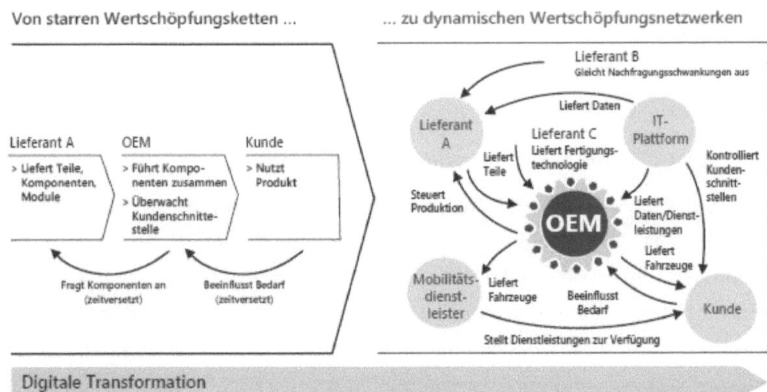

Abbildung 27: Digitale Transformation der Supply Chain am Beispiel der Automobilindustrie
(Quelle: BDI und Roland Berger, Analysen zur Studie "Die digitale Transformation der Industrie", 2015)

Obwohl die Bedeutung der Digitalisierung im eigenen Unternehmen heutzutage als signifikant gilt, gestaltet sich ein umfassender Ansatz, der die vielfältigen Wirkungsweisen der Digitalisierung in Richtung der Geschäftsmodelle, Wertschöpfungsketten, Technologien und Mitarbeiterkompetenzen erfasst, weiterhin als

---

[307] Vgl. Seiter, M.; Grünert, L. et al. (2017), S. 49

[308] Vgl. Seiter, M.; Grünert, L. et al. (2017), S. 49

[309] Vgl. Seiter, M.; Grünert, L. et al. (2017), S. 49

schwierig.[310] Ein Grund dafür ist u.a. das mangelnde Bewusstsein innerhalb der eigenen Organisation in Bezug auf die Bedeutung der Digitalisierung.[311]

Referenzierend auf die unternehmens- und länderübergreifende Zusammenarbeit von Unternehmen entsteht hieraus die Herausforderung, bei unterschiedlichen Entwicklungsstufen im Bereich Digitalisierung, gemeinsame Lösungen zu finden. Die gemeinsamen Lösungen bilden in vielen Fällen die Grundlage zur Erschließung von Kosten- und Flexibilitätspotentialen und fordern daher eine enge Kooperation. Ein Beispiel ist dabei die mehrfach erwähnte Erhöhung der Transparenz innerhalb der Supply Chain, welche stets die Bereitschaft zu einem unternehmensübergreifenden Datenaustausch bedingt.[312]

5.2.2 Stand und Entwicklung

Eine aktuelle, branchenübergreifende Studie zum Stand und Entwicklung der digitalen Transformation innerhalb der Supply Chain[313] ergab, dass 75% der 337 Führungskräfte aus 20 Ländern eine digitale Transformation der Lieferkette als wichtig oder sehr wichtig ansehen. Die relevanten Schlüsseltechnologien zur digitalen Transformation der Lieferketten, in welche die Unternehmen planen zu investieren, wurden identifiziert (siehe Abbildung 28).

Technologie	Zustimmung	Erläuterung
Supply-Chain-Visibility-Plattformen/-Lösungen	74%	Die Kommunikation zwischen den Unternehmen ist der Kern der Lieferkettentransformation.
Big Data / Analysen	50%	Die Analyse von Big Data verwandelt die Rohdaten in verwertbare Erkenntnisse.
Cloud	48%	Die Cloud ist das Technologiemodell, das Barrieren durch universellen Datenzugriff abbaut.
Simulationstools	34%	Das Zusammenspiel von „Supply-Chain-Visibility"-Lösungen, der Analyse von Big Data und der Cloud ermöglicht Logistik-Optimierungen durch Simulation.

Abbildung 28: Technologieschwerpunkte zur digitalen Transformation der Supply Chain (Quelle: Zillmann (2016), S. 13)

---

[310] Vgl. Seiter, M.; Grünert, L. et al. (2017), S. 50

[311] GT Nexus (2016), S. 6

[312] Vgl. Seiter, M.; Grünert, L. et al. (2017), S. 51

[313] Vgl. GT Nexus (2016), S. 9

Es mangelt also nicht an der Erkenntnis über die Aktualität dieses Themas. Der Einsatz dieser Technologien kommt heute jedoch nur schleppend voran: knapp die Hälfte der Befragten (48%) gab an, immer noch überwiegend die „traditionellen" Technologien wie beispielsweise Telefon, Fax und E-Mail zu Kommunikationszwecken mit den Lieferkettenpartnern zu verwenden.[314] Da moderne globale Lieferketten eine Vielzahl an Handelspartnern umfassen können, wird durch den manuellen Prozess die Kommunikation entlang der Supply Chain „extrem schwierig" und fehleranfälliger, was zu zusätzlichem Aufwand bei der Fehlersuche und -bekämpfung führt.[315]

5.3 Datenaustausch und Kommunikation

Antworten auf die Fragen wo sich ein Auftrag befindet oder wo es in der Lieferkette ein Problem gibt, lassen sich heute nur beantworten, wenn die Supply Chain Netzwerke zusammenarbeiten und untereinander Daten austauschen.[316] Da heutige Lieferketten zum Großteil global aufgestellt sind, ist die Zusammenarbeit mit unterschiedlichen Geschäftspartnern über mehrere Stufen hinweg notwendig.

Die traditionellen Verbindungsmöglichkeiten von Supply Chains sind in Abbildung 29 darstellt, wobei hier die Möglichkeiten auch vom Reifegrad der einzelnen Geschäftspartner und den Transaktionscharakteristiken (Volumen, Frequenz, Komplexität) abhängen.

---

[314] Vgl. GT Nexus (2016), S. 7

[315] Vgl. GT Nexus (2016), S. 7

[316] Vgl. Gartner (2017)

Methode	Beschreibung	Charakteristiken	Reifegrad
E-Mail	Einfacher Austausch über registrierte E-Mail-Adresse; eventuell automatisiertes Einlesen und Bearbeiten.	Gering ausgeprägt	Gering
Web-Portal	Interaktion über Browser; Eingabe von z.B. Vorhersagen, Bestätigungen, Rechnungen	Gering ausgeprägt	Gering
B2B-Gateway / Client	Informationsaustausch vom Kundensystem mit dem Netzwerk über ein beim Kunden installiertes B2B-Gateway. Verwendung für Firmen, deren interne Systeme nicht für direkten externen Datenaustausch bestimmt sind.	Mittel bis stark ausgeprägt	Mittel
System zu System	Direkte Verbindung vom Kundensystem zum Netzwerk über B2B-Protokolle wie EDI. Verwendung für Firmen, deren interne Systeme für einen direkten, strukturierten, externen Datenaustausch offen sind.	Stark ausgeprägt	Hoch
Managed Platform	Anbindung der Geschäftspartner über alternative Methoden wie z.B. APIs. Verwendung für den direkten, externen Datenaustausch via 'offener' Methoden.	Stark ausgeprägt	Hoch

Abbildung 29: Möglichkeiten zum Datenaustausch in Supply Chains
(Quelle: Gartner(2017))

Viele Unternehmen haben heute den Anspruch die Abläufe entlang der Lieferketten über End-to-End-Verbindungen ganzheitlich überblicken zu können.[317] Diese Stufe der Interoperabilität könnte über eine Managed-Platform z.B. durch eine Cloud erreicht werden, wobei hier der höchste Reifegrad der Interoperabilität vorherrscht. In der vorangegangenen Analyse in Kapitel 5.2.2 kam jedoch heraus, dass der Großteil der Unternehmen immer noch über die konventionellen Wege wie E-Mail oder Telefon kommuniziert und darüber ihre Daten austauscht, der Reifegrad der Interoperabilität also gering ist. Dies hat zur Folge, dass wie bereits angesprochen, die Supply-Chain eher ein reaktives Business darstellt. Dies resul-

---

[317] Vgl. Gartner (2017)

tiert daraus, dass typischerweise nur ungefähr 20% aller Daten aus der gesamten Supply-Chain in eigenen Systemen vorliegen.[318] Alle anderen Daten befinden sich in Systemen bei den Supply Chain Partnern, weshalb komplexe Kommunikationswege zwischen den Supply Chain Partnern vorliegen (siehe Abbildung 30).

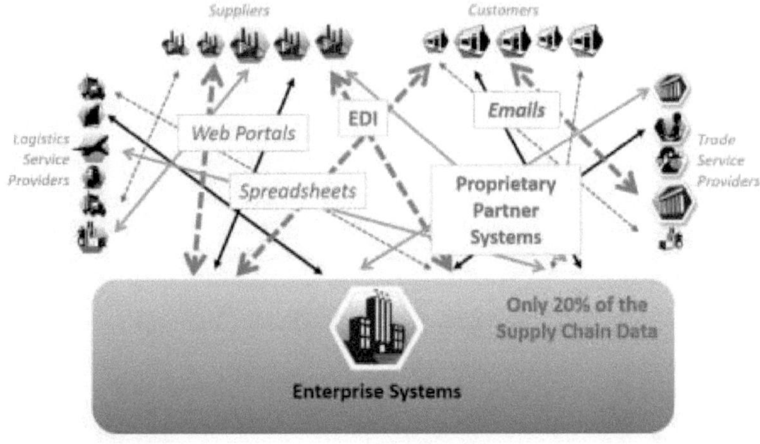

Abbildung 30: Komplexe Kommunikationswege zwischen den Supply Chain Partnern (Quelle: van Bonn(2014) S. 9

Auf die Möglichkeiten einer End-to-End-Verbindung mittels einer Cloud und der dadurch gegebenen ganzheitlichen Übersicht des Supply-Chains-Geschehens wird im Laufe der Arbeit detailliert eingegangen. Auch wird im Folgenden der bereits mehrfach genannte Begriff „Echtzeit-Daten" näher beschrieben.

5.4 Zusammenfassung

Die Bedeutung eines ganzheitlichen Risikomanagements entlang allen Wertschöpfungsstufen wurden von dem Großteil der Unternehmen erkannt. Trotzdem ist der Ansatz eines interorganisatorischen Risikomanagements nur in Ansätzen vorhanden. Die Hindernisse für die Umsetzung sind beispielsweise technischer oder organisationaler Natur. Dies Arbeit beschränkt sich auf die Barrieren der Kooperationen, wobei hier primär die mangelnden methodischen Konzepte zur Umsetzung eines solchen unternehmensübergreifenden Risikomanagements betrachtet werden.

---

[318] Vgl. van Bonn, B. (2014), S. 9

Die Analyse und Evaluierung des Risikomanagement-Prozesses hat gezeigt, dass aufgrund des vorherrschenden Mangels an Daten meist auf die qualitativen Methoden im Risikomanagement zurückgegriffen wird. Das bedeutet konkret, dass Manager sich eher auf die „unternehmerische Intuition" verlassen müssen, als quantitative, statistische Verfahren in Bezug auf Risiken anwenden zu können. Aufgrund der individuellen Erfahrungen weist diese Methodik aber eine geringe Prognosegenauigkeit auf, was eine sinnvolle Steuerung erschwert. Aufgrund der vielfältigen Risiken, welche seitens der Lieferanten auf das einzelne Unternehmen wirken, wird es also umso relevanter, nach neuen Möglichkeiten zu suchen, um benötigte Informationen zeitnah und mit der erforderlichen Qualität zu erhalten. Die Relevanz von neuen Technologien in Bezug auf die Supply Chain hat auch der Großteil der Unternehmen erkannt, wobei hier in den kommenden Jahren vor allem Investitionen in Supply-Chain-Visibility-Plattformen und Big Data Analysen geplant sind. Auch sind die befragen Unternehmen sich einig, dass die Datenverfügbarkeit über die Wertschöpfungsstufen deutlich zunehmen wird.

Außerdem wurde in diesem Kapitel erkannt, dass durch *Informationsasymmetrien* innerhalb der Supply Chain und die daraus resultierende *mangelnde Transparenz* als das Haupthindernis für ein unternehmensweites Supply Chain Risikomanagement gilt, weshalb diese Punkte zusammen mit der *Komplexität in Bezug auf Daten* im folgenden Kapitel weiter behandelt werden.

6 Schlüsseltechnologien zur Umsetzung eines datengetriebenen Risikomanagementansatzes für Supply Chains

Der zunehmend globalisierte Wettbewerb auf deregulierten Markten sowie die rasanten Entwicklungen im Bereich der Informations- und Kommunikationstechnologie führen zu einer wachsenden Komplexität der Unternehmensumwelt, eröffnen aber auch neue Möglichkeiten für die Unternehmen. Die steigende Komplexität und Dynamik der Unternehmensprozesse und dezentrale Unternehmensstrukturen sowie kürzere Reaktionszeiten haben in den letzten Jahren zu einer veränderten Risikolage der Unternehmen geführt. Gleichzeitig sind Unternehmen einem verstärkten Kostendruck ausgesetzt.[319] Mittels „unternehmerischem Bauchgefühl" und reaktiven Steuerungssystemen dürfte es immer schwieriger werden, die Komplexität der Prozesse und Risiken zu erfassen und zu analysieren. Da das Risk Management in den vergangenen Jahren eher als reaktiver Prozess verstanden wurde, konnten Zielabweichungen erst nach Eintritt identifiziert, analysiert und korrigiert werden.[320] Ein effektives Risikomanagement sollte jedoch nicht das Ziel haben, die Vergangenheit erklären zu können, sondern soll es ermöglichen zukünftige Chancen und Risiken zu antizipieren. Risikomanagement sollte daher, statt reaktiv, proaktiv (oder auch prospektiv) ausgerichtet sein.[321]

In Kapitel 5.2.2 wurden die Technologieschwerpunkte für die Unternehmen in den kommenden Jahren ausgewertet, daher werden in diesem Kapitel die drei Technologien betrachtet, welche die meiste Zustimmung bei der Frage nach der Relevanz erhielten (siehe Abbildung 28):

- Supply-Chain-Visibility-Plattformen
- Big Data / Analysen
- Cloud

Ziel dieses Kapitels ist es die Wirkungsweise dieser Technologien auf die beiden Aspekte der *mangelnden Transparenz* und der *Komplexität* entlang der Wertschöpfungskette zu untersuchen. Diese Technologien sollen die Grundlage zur

---

[319] Vgl. Romeike, F.; Hager, P. (2013), S. 275

[320] Vgl. Romeike, F.; Hager, P. (2013), S. 65

[321] Vgl. Romeike, F.; Hager, P. (2013), S. 65

Umsetzung eines datengetriebenen Risikomanagementansatzes für Supply Chains bieten. Es geht um die Frage welche Art von Daten wie bereitgestellt und analysiert werden soll.

6.1 Von Daten zu Informationen: Komplexität beherrschbar machen

Die Verbreitung der neuen Technologien führen zu einem extremen Datenwachstum. Neben den klassischen Produktionsfaktoren treten im Zuge der Digitalisierung Daten als vierter Produktionsfaktor neben Kapital, Arbeitskraft und Rohstoffe auf.[322] Aus diesem Grund werden Daten auch das Öl des 21.Jahrhunderts genannt.[323]

Es gilt aus dieser durch die umfassende Digitalisierung enormen Datenvielfalt und einem nicht dagewesenen Datenumfang nutzenstiftende Erkenntnisse abzuleiten.[324] Abbildung 31 macht deutlich, dass Daten erst durch eine entsprechende Analyse und Aufbereitung zu wertvollen Informationen („Diamonds") für ein Unternehmen werden. Im Laufe dieses Kapitels wird auf die Analyse von Daten näher eingegangen.

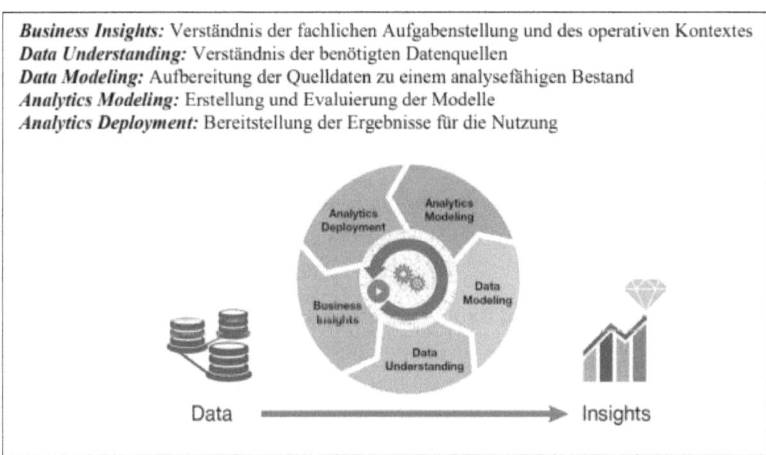

Abbildung 31: CGI Analytics Lifecycle - Data to Diamonds
(Quelle: Stelzl,A. (2015), S.2)

---

[322] Vgl. Gadatsch, A.; Landrock, H. (2017), S. 1

[323] Vgl. Spierling, D. (2016), S. 9

[324] Vgl. Horváth, P. (2016), S. 1

6.1.1 Big Data

Die optimierte Gestaltung von Supply-Chain Netzwerken wird zunehmend komplex. Hier laufen die Warenströme aus Zulieferern, Vorproduktion, Produktion und Handelswaren einerseits und die Outbound-Ströme[325] zu den Kunden und anderen Stufen der Distributionskette andererseits zusammen. Den Herausforderungen wird es zunehmend schwierig gerecht zu werden. Denn zusätzlich zu den reinen Warenströmen gewinnen die zugehörigen Informationsströme für die optimierte Ausgestaltung der Beschaffung- und Distributionsnetze an Relevanz. Wie aus der vorangegangener Analyse erkannt, liegen deren Verfügbarkeit und deren inhaltliche und formale Qualität nur beschränkt in den einzelnen Unternehmen vor. Als Resultat dieser mangelnden Übersicht entstehen lokale Optima,[326] d.h. jeder Verantwortliche verbessert den Teil der Supply-Chain, der ihm zur Verfügung steht. Dabei ist anzumerken, dass jedoch 75% des Verbesserungspotentials in der Struktur des Netzwerkes als Ganzes zu finden sind.[327]

Big Data Verfahren können geeignete Ansätze zur Überwindung dieser aktuellen Herausforderungen beitragen, indem sie die Komplexität vorhandener Datenströme beherrschbar machen. Vielmehr aber bieten Big Data Ansätze die Möglichkeit, bestehende Grenzen in der Datenverfügbarkeit zu sprengen.[328]

Der Begriff „Big Data" bezeichnet riesige Datenmengen die insbesondere durch drei Hauptkriterien charakterisiert sind:

- *Volume* - definiert die enormen Mengen an Daten. Deren Aufkommen ist so groß und so komplex, dass es mit herkömmlichen Methoden der Datenverarbeitung nicht mehr gespeichert oder analysiert werden kann.[329]

- *Variety* - bezieht sich auf die Vielfalt der Datentypen und -quellen. 80 Prozent der weltweiten Daten sind heute unstrukturiert und weisen auf den ersten Blick keinerlei Zusammenhänge auf. Mithilfe von Big Data-Suchalgorithmen können diese Daten wieder strukturiert eingeordnet und auf Zusammenhänge untersucht werden.[330]

---

[325] D.h. betreffend der Verteilung oder Zustellung bzw. Vertrieb von Waren.

[326] Vgl. Van Bonn, B. (2014), S. 3

[327] Vgl. Van Bonn, B. (2014), S. 3

[328] Vgl. Van Bonn, B. (2014), S. 4

[329] Vgl. Intel IT Center (2012), S. 2

[330] Vgl. Salzig, C. (2016)

- *Velocity* - bezeichnet die Geschwindigkeit, mit der Daten generiert, ausgewertet und weiterverarbeitet werden können.

Im Rahmen dieser Arbeit ist vor allem die Analyse der neuen und weitgehend in der Supply Chain ungenutzte Informationsquelle von unstrukturierten Daten ein wichtiger Punkt, da dadurch wichtige Zusammenhänge aufgezeigt werden können, die bislang nur schwer oder gar nicht zu ermitteln waren.

6.1.2 Business Analytics

Im Zuge der Digitalisierung wird die Auswertung von Daten für Managemententscheidungen unter dem Begriff „Business Analytics" zusammengefasst.

Der Begriff „Analytics" beschreibt die umfassende Nutzung von Daten, statistischen und quantitativen Analysen sowie erklärenden und voraussagenden Modellen.[331] Der Begriff „Business" unterstreicht in diesem Zusammenhang den Einsatz dieser Methoden und Modelle im betrieblichen Kontext, um datengetriebene Managemententscheidungen herbeizuführen.

Für die Analyse der Daten haben sich vier verschiedene, aufeinander aufbauende Entwicklungsstufen etabliert[332]:

- Descriptive Analytics → Beschreibung von Ereignissen: Was ist geschehen?
- Diagnostic Analytics → Diagnosen: Warum hat sich etwas ereignet?
- Predictive Analytics → Vorhersagen: Was wird sich ereignen?
- Prescriptive Analytics → Beschreibende Analysen: Wie können Daten die Ereignisse beeinflussen?

In den letzten Jahren haben sich Detailweite und Erkenntnisgrad der zum Einsatz kommenden Datenanalysen kontinuierlich weiterentwickelt. Davenport (2013) [333] unterteilt diese Entwicklung in drei grundlegende Phasen (siehe Abbildung 32).

---

[331] Vgl. Horváth, P. (2016), S. 1

[332] Vgl. Gadatsch, A.; Landrock, H. (2017), S. 4

[333] Davenport ist Mitgründer und wissenschaftlicher Leiter des International Institute for Analytics und gilt als führender Business Analytics-Experte. (Quelle: Horváth, P. (2016), S., (2016), S., S.2)

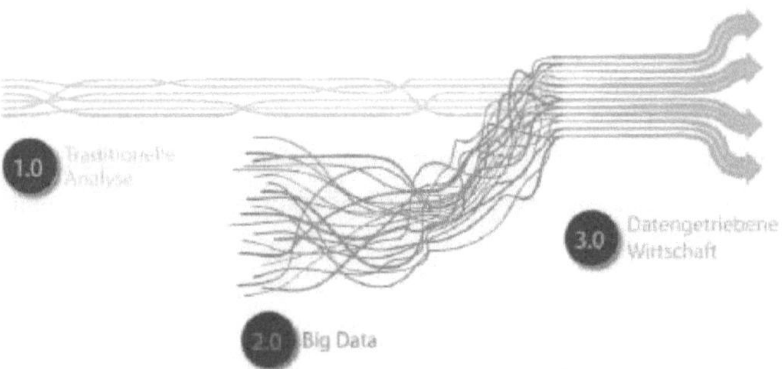

Abbildung 32: Entwicklung der Datenanalyse
(Quelle: Davenport, T. (2013), S. 8)

Die erste Entwicklungsphase „Traditionelle Analyse" (Mitte 1950er bis 2000) war durch vorwiegend deskriptiven Charakter der Analysen gekennzeichnet. Ziel war es, auf Basis von internen, strukturierten Daten die in der Vergangenheit liegenden Vorgänge zu beschreiben. Die zweite Entwicklungsphase „Big Data" (2000 bis heute) begann mit der Verwertung von Daten aus dem Internet. Innerhalb kürzester Zeit schafften Online-Unternehmen wie Google oder eBay datenbasierte Geschäftsmodelle umzusetzen.[334] Auch hier liegt der Fokus auf deskriptiven Analysen, jedoch werden nun auch unstrukturierte Daten analysiert und externe Daten gewinnen an Bedeutung.[335] Die dritte Entwicklungsphase „datengetriebene Wirtschaft" vollzieht sich momentan. Kennzeichnend dafür ist, dass betriebliche Entscheidungen umfassend datengetrieben sind. Es geht nicht mehr nur darum, Daten zu selektieren oder zu verdichten, sondern aus Massendaten Zusammenhänge abzuleiten und daraus eine Prognosefähigkeit zu entwickeln.[336] Korrelation, der Zusammenhang zwischen den Daten und Ereignissen bekommt die Oberhand über die Frage der Kausalität. Dabei erzielen nicht nur Online Unternehmen, sondern auch Unternehmen aus klassischen Branchen Wettbewerbsvorteile durch den Einsatz prädiktiver und präskriptiver Analysen. Je nach Zielsetzung werden

---

[334] Vgl. Horváth, P. (2016), S. 3

[335] Zur Erinnerung: Unstrukturierte Daten sind alle Arten von Daten und Informationen, welche nicht in einer Datenbank oder einer anderen Datenstruktur abgelegt werden. Beispiele sind E-Mail Nachrichten, PowerPoint Präsentationen (in Textform) oder Bilder im JPEG-Format bzw. MP3-Audio-Dateien (in Nicht-Textform). (Quelle: Vgl. Fabig, C.; GmbH, V.M.C. et al. (2016), S. 148)

[336] Vgl. Emmrich Dr., V. (2016), S. 4

dabei zudem strukturierte und unstrukturierte sowie interne und externe Daten kombiniert.

Business Analytics wird als wesentlicher Befähiger einer datengetriebenen Wirtschaft angesehen[337]: Durch die Digitalisierung produzierte Datenflut von Big Data liefern IT-gestützte Business Analytics die Chance, Big Data in steuerungsfähige Informationen zu transformieren.

6.1.3 Predictive Analytics

Predictive Analytics als Teildisziplin von Business Analytics gibt, statt nur bestehende Situationen zu analysieren, Antworten auf die Fragen nach den Gründen, Auswirkungen, Wechselwirkungen oder Folgen von Ereignissen.[338] An dem Analytics-Reifegrad Modell von Gartner (siehe Abbildung 33) erkennt man, dass die höchste Ebene Prescriptive Analytics darstellt. Prescriptive Analytics geht noch einen Schritt weiter als Predictive Analytics und liefert zusätzlich Handlungsempfehlungen, wie man einen bestimmten Trend in eine gewünschte Richtung beeinflussen, ein vorhergesagtes Ereignis verhindern oder auf ein zukünftiges Ereignis reagieren kann.[339]

---

[337] Vgl. Horváth, P. (2016), S. 3

[338] Vgl. Mauerer, J. (2015), S. 2

[339] Vgl. Mauerer, J. (2015), S. 4

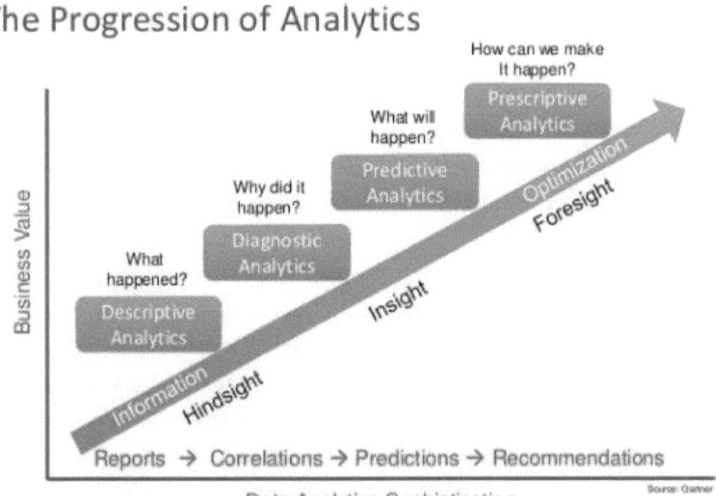

Abbildung 33: Das Analytics-Reifegradmodell von Gartner
(Quelle: Krumm (2017))

Man kann außerdem erkennen, dass eine Korrelation zwischen dem Wert für das Unternehmen (Business Value) und der Komplexität der Datenanalyse (Data Analytics Sophistication[340]) herrscht: Je ausgefeilter, aber auch komplexer die Analyse ist, desto mehr Optimierungspotential bietet es dem Unternehmen.

6.2 Optimierung der Reaktionszeit und Überwindung von Informationsasymmetrien

Wie in der Analyse des bestehenden Risikomanagementansatzes festgestellt, können komplexe Kausalzusammenhange zwischen Risikofaktoren einerseits und den von ihnen ausgelösten Wirkungen andererseits von einem einzelnen Entscheider kaum mehr erfasst und quantifiziert werden. Es besteht daher die Gefahr, dass aus einer bestimmte Entscheidung ein unerwünschter – zumindest jedoch suboptimaler – Systemzustand resultiert. Eine schnelle Versorgung der Entscheidungsträger mit risikorelevanten Informationen und die Qualität der Informations- und Kommunikationsvorgänge werden demnach immer wichtiger. In diesem Abschnitt liegt der Fokus auf die Geschwindigkeit in der entscheidungsre-

---

[340] In anderen Quellen auch „Difficulty".

levante Informationen zur Verfügung stehen und so zeitnah Risiken vorbeugen können.

6.2.1 Echtzeit-Daten

Allgegenwärtig existiert eine große Anzahl an Singletime-Daten, also Werte unterschiedlicher Zeitpunkte.[341] Zur Unterstützung des SCM wird durch IT Systeme angestrebt, einen Zustand der Supply Chain in (nahezu) Echtzeit („real-time") abzubilden.[342] Dafür werden die Daten zum Bedarf, Zustand, Standort etc. von Materialien und Produkten entlang der Lieferkette, z.B. durch Scannen einer individuellen Strichcodierung (Barcode) an bestimmten Punkten oder durch den Einsatz von RFID erfasst.[343]

Der Mangel an Echtzeitdaten ist ein Grund weshalb das Risikomanagement häufig unregelmäßig und in einer reaktionären Weise durchgeführt wird, die zur Erkennung von Betriebsrisiken während der Produktionszeit nicht geeignet ist.[344]

6.2.2 Cloud

Durch die Veränderungen der letzten Jahre (kurzfristige Entscheidungen, dynamische Märkte, geringe Fertigungstiefe etc.) und durch ein Unternehmensumfeld, in dem schnell reagiert werden muss, ist die klassische Supply-Chain Planung oft nur im strategischen Ansatz hilfreich. Für das operative Tagesgeschäft jedoch müssen viele Faktoren beachtet werden und schnelle Entscheidungen getroffen werden, um eine reibungslose Supply-Chain zu garantieren. Die alten Strukturen mit einem großen Anteil an In-House-Systemen[345] sind diesen Herausforderungen schwer gewachsen.[346] Für eine moderne Supply-Chain mit vielen globalen, externen Partnern haben sich sogenannte Cloud-Lösungen in den letzten Jahren etabliert und konnten in verschiedensten Industrien Mehrwerte durch die gemeinsame Nutzung von Daten aufzeigen. Da alle Partner zu jeder Zeit auf die gleichen Daten zugreifen und alle auf Abweichungen von den geplanten Abläufen aufmerksam gemacht werden, ist eine reibungsloser Ablauf in der Supply-Chain

---

[341] Vgl. Emmrich Dr., V. (2016), S. 4

[342] Vgl. Poluha, R. G. (2010), S. 113

[343] Vgl. Poluha, R. G. (2010), S. 113

[344] Vgl. GT Nexus (2016), S.

[345] D.h. das EDI-System läuft im eigenen Unternehmen und im eigenen Netzwerk.

[346] Vgl. van Bonn, B. (2014), S. 8

auch in Krisensituationen zu gewähren und wodurch alle kostspieligen Punkt-zu-Punkt Integrationsszenarien wegfallen[347]. Den Informationsasymmetrien, die allgegenwärtig in vielen Supply Chains herrschen, könnten demnach durch die gemeinsame Datenbasis entgegen gewirkt werden.

Zusätzlich können noch Daten von Drittquellen in die Cloud einfließen, um auf Dinge wie Umwelteinflüsse oder Markttrends rechtzeitig reagieren zu können.[348] Diese sogenannte End-to-End-Verbindung stellt sicher, dass alle Abläufe in einer Supply Chain bestmöglich verzahnt sind.[349] Die heutige feingliedrige Verzahnung von Funktionen und Teilprozessen kann so durch eine Datenautobahn vom Kunden bis zum Lieferanten ersetzt werden und dabei alle erforderlichen Datenquellen verknüpfen.[350] Die heutige Situation der vielen Schnittstellen und der daraus häufig resultierenden Systeminkompatibilitäten wird so einer durchgängigen Lösung transformiert, welche die zunehmende Komplexität beherrschbar macht. Wie in der Analyse in Kapitel 5.3 festgestellt, sind die klassischen ERP Lösungen und lokale Planungslösungen entweder kaum oder nur auf kostspielige und unzulängliche Weise mit den Systemen der Partner in der SupplyChain vernetzt, was eine hohe Komplexität in der Kommunikation unter den Supply-Chain-Partnern verursacht. Eine Lösung für die derzeit herrschende mangelnde Transparenz in der Supply Chain könnte demnach eine Cloud darstellen (siehe Abbildung 34).

---

[347] Vgl. van Bonn, B. (2014), S. 9

[348] Vgl. van Bonn, B. (2014), S. 8

[349] Vgl. Mandewirth Dr., S. (2012), S.

[350] Vgl. Emmrich Dr., V. (2016), S.

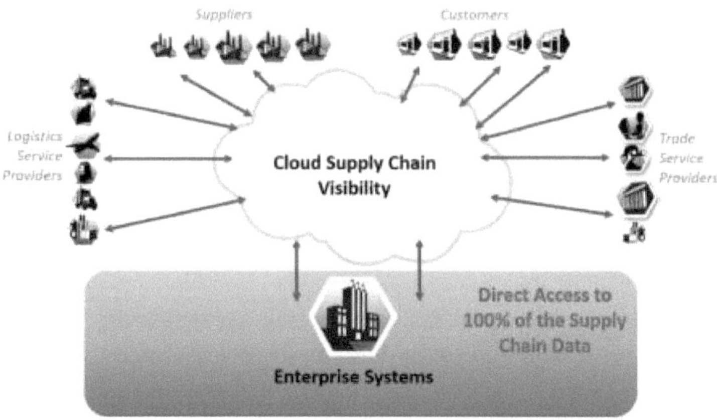

Abbildung 34: Standardisierte Kommunikationswege über eine Cloud Plattform
(Quelle: Vgl. van Bonn (2014),S. 11)

Durch den Einsatz einer Cloud-Lösung in Supply Chains soll demnach die Konsolidierung aller Bestandsdaten der Partner in einer zentralen IT-Plattform stattfinden. Alle Verantwortlichen sollen auf diese Daten Zugriff sollen, um die Verfügbarkeit der Bestände in allen operativen Systemen in Echtzeit überwachen zu können.

Zu beachten ist, dass sich erst durch einen branchenübergreifenden Standard das Potenzial einer solchen Plattform vollständig erschließen lässt. Noch sind solche Standards weder in der Industrie noch in der Logistik eingeführt; einige Ansätze sind aber vorhanden.[351] Der wohl schwerwiegendste Grund ist, dass wie bereits angesprochen, viele Unternehmen zögern den ihnen vor- oder nachgelagerten Gliedern in der Supply Chain Informationen zukommen zu lassen.

6.2.3 Frühwarnsystem

Das Frühwarnsystem stellt an sich zwar keine neue Technologie dar, wird aber aufgrund der Relevanz bezüglich den Reaktionszeiten auf eintretende Risiken hierunter angeführt.

---

[351] Vgl. Zillmann, M. (2016), S. 18

Das Problem der langen Reaktionswege in einer Supply Chain wurde in Kapitel 2.3 erläutert, wonach diese der Haupttreiber des Bullwhip-Effekts darstellen. Unmittelbar zusammenhängend, stellt auch bei der ersten Phase des Risikomanagement-Prozesses, der Risikoidentifikation, die Reaktionsgeschwindigkeit bei der Identifikation von Risiken und darauf aufbauend bei der Einleitung von Gegenmaßnahmen eine entscheidende Rolle dar. Ein wichtiges Instrument zur Risikoidentifikation sind demnach Frühwarnsysteme, bei welchen mit der Antizipation zukünftiger Entwicklungen und Ereignissen der Faktor Zeit im Mittelpunkt der Betrachtung steht.[352] Mit Hilfe von Frühwarnindikatoren (etwa externe Größen wie Zinsen, aber auch interne Faktoren wie etwa Fluktuation im Management) werden rechtzeitig latente (d.h. verdeckte, aber bereits vorhandene) Risiken signalisiert, sodass noch hinreichend Zeit für die Ergreifung geeigneter Maßnahmen zur Abwendung oder Reduzierung der potentiellen Bedrohung bzw. Ursachen besteht.[353]

Die Zeitschere von *Bleicher* verdeutlicht die besondere Relevanz von Frühwarninformationen im zeitlichen Kontext.

---

[352] Vgl. Czaja, Lothar (2009), S. 4
[353] Vgl. Huth, M.; Romeike, F. (2015), S. 66

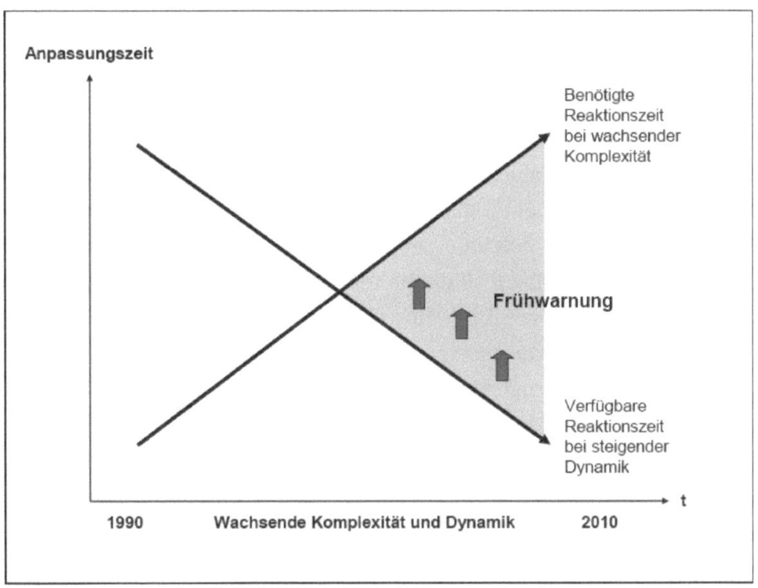

Abbildung 35: Die Zeitschere nach Bleicher
(Quelle: Bleicher, K. (2011), S.59)

Mit steigender Dynamik und wachsender Komplexität werden Unternehmen heute zunehmend mit multidimensionalem Problemstellungen konfrontiert, für deren Bewältigung sie mehr Zeit benötigen, um zielgerichtet Reaktionsstrategien definieren zu können (siehe Abbildung 35). Die Situationen verschärft sich, da sich die verfügbare Reaktionszeit aufgrund der gestiegenen Dynamik des Unternehmensgeschehen weiter verkürzt.[354] Wenn drohende Gefahren und mögliche Chancen frühzeitig erkannt werden, lässt sich die verfügbare Reaktionszeit allerding erhöhen.[355] Frühwarnsysteme verschaffen dem Unternehmen Zeit für Reaktionen und optimieren dadurch die Steuerbarkeit.[356]

---

[354] Vgl. Czaja, Lothar (2009), S. 5

[355] Vgl. Czaja, Lothar (2009), S. 5

[356] Vgl. Huth, M.; Romeike, F. (2015), S. 6

6.3 Zusammenfassung

Das Zusammenspiel von Supply Chain Visibility Lösungen, der Analyse von Big Data und der Cloud bildet für die Unternehmen die Grundlage für die digitale Transformation der Lieferkette. Die Kommunikation zwischen den Unternehmen bildet den Kern der Lieferkettentransformation. Supply Chain Visibility Lösungen, die Analyse von Big Data und die Cloud richten sich dabei zielgerichtet zur Verbesserung der Kommunikation bei globalen Prozessen und Ereignissen aus. Das gemeinsame Grundprinzip all dieser Technologien ist die Nutzung von Informationen, um einen besseren Überblick für fundierte Unternehmensentscheidungen zu schaffen. Lieferkettentransparenz bzw. „Visibility" verschafft eine Echtzeit-Darstellung der unternehmerischen Prozesse. Die Analyse von Big Data durch Predictive Analytics verwandelt die Rohdaten in verwertbare Erkenntnisse, wodurch die Komplexität der enormen Datenmenge beherrschbar wird. Und die Cloud ist das Technologiemodell, das Barrieren durch universellen Datenzugriff abbaut, ganz gleich wo sich die Unternehmen befinden.

Der Einsatz eines Frühwarnsystems kann zudem den Unternehmen einer Supply Chain Zeit verschaffen auf Störungen zu reagieren und damit dem Problem der kurzen Reaktionszeiten aus Kapitel 2.3 positiv entgegenwirken.

7 Datengetriebener Risikomanagementansatzfür Supply Chains: Erweiterung der Methoden

Die vorgestellten Schlüsseltechnologien bilden die Grundlage zur digitalen Transformation einer Supply Chain. Durch die Wandlung verändern sich auch die Strukturen der Supply Chains von starren zu dynamischen Wertschöpfungsnetzwerken (siehe auch Abbildung 27). Die steigende Komplexität durch die Vernetzung globaler Partner führt dazu, dass die Speicherung vergangener und aktueller Daten (etwa Schadensdaten oder Daten über die Risikolage) nicht mehr ausreicht, um die Planung, Steuerung, Durchführung und Kontrolle der Risikomanagementaktivitäten rechnerorientiert unterstützen zu können. Vielmehr muss das System den gesamten Risikomanagementprozess (siehe Kapitel 3.3.2), also die Risikoidentifikation, die Risikoanalyse und -bewertung, die Risikosteuerung mit der Auswahl der entsprechenden Strategie und den Soll-Ist-Vergleich im Rahmen der Erfolgskontrolle umgesetzter Maßnahmen unterstützen.

Durch die gewonnenen Erkenntnisse aus den Möglichkeiten der Schlüsseltechnologien wird nachfolgend ein konzeptionelles Modell für ein datengetriebenes Risikomanagement für Supply Chains erstellt. Struktureller Rahmen für diese Betrachtung bietet der SCRM Prozess mit seinen vier Phasen (siehe Kapitel 3.3.2). Durch die Konzeption soll die Wirkungsweise auf die Informationsasymmetrien und daraus abgeleitete mangelnde Transparenz, sowie die Komplexität innerhalb einer Supply Chain untersucht werden. Ziel dieses Kapitels ist es zudem, durch die gegebenen Technologien die Wandlung eines reaktiven- zu einem proaktiven Risikomanagement aufzuzeigen und die Methoden dahingegen zu erweitern.

7.1 Risikoidentifikation

Die Möglichkeiten der genannten Schlüsseltechnologien werden nachfolgend für die bedeutendste Phase, die Risikoidentifikation, des Risikomanagementprozesses betrachtet. Ein wichtiges Instrument zur Risikoidentifikation stellen Frühwarnsysteme dar. Wie bereits erwähnt ist hier das Bedeutende die Verschaffung von Reaktionszeit für die Unternehmen. So können z.B. Kennzahlen zur demografischen Entwicklung weit im Voraus Risiken hinsichtlich der Personalbeschaffung deutlich machen.[357] Ein Beispiel stellt die Datenbank NATHAN („Natural Hazards

---

[357] Vgl. Huth, M.; Romeike, F. (2015), S. 66

Assessment Network") des Rückversicherers Munich Re dar, der den Zugriff auf Ereignis und Schadendaten der vergangenen vier Jahrzehnte sowie Frühwarneinschätzungen für Standorte und Regionen quer über den Globus bietet.[358] Somit können bspw. Logistikwege mit Frühwarninformationen hinsichtlich Naturgefahren oder geopolitischer Risiken evaluiert werden.

Eine verbesserte Transparenz über die Abläufe im gesamten Liefernetzwerk (*„Visibility"*) kann durch eine Cloud-Lösung erzielt werden. Moderne Technologien wie z.B. RFID stellen für die gesamten Teilnehmer in der Supply Chain (Echtzeit-) Daten darin zur Verfügung, wodurch eine bessere Identifikation der Risiken erzielt werden kann. Anstatt Maßnahmen erst verzögert einzuleiten, erlaubt die Identifikation der ursachenbezogenen Risiken eine Handhabung direkt am Ursprung.[359] Dadurch erhöhen sich die Robustheit und das Reaktionsvermögen des Lieferantennetzwerkes gegenüber Störungen.[360] Eine schnellere Identifikation der Risiken und Anomalien ist somit möglich und die (Echtzeit-) Informationen über Risiken können unmittelbar an die Partner weitergeleitet werden. Diese Echtzeit-Daten eignen sich somit vor allem zur Unterstützung einer proaktiven Risikoidentifikation, um demnach zukünftige und unvorhersehbare Risiken zu identifizieren.

Beispielsweise hat das Unternehmen Xylem-Technologies eine IT-Lösung entwickelt, welche automatisiert relevante, tagesaktuelle Risiko-Informationen auf Basis länderspezifischer Indizes sammelt und die Auswirkungen der Ereignisse auf das Risiko-Niveau der Lieferketten analysiert.[361] Proaktiv bekommt das Unternehmen dann Notiz davon, welche Lieferketten beispielswese aufgrund eines Streiks in einer Region vermehrte Aufmerksamkeit benötigt. Durch die „automatisierte Überwachung der Nachrichtenlage" sollen die Gefahren für die Lieferkette aufgedeckt werden, bevor die Produktion beeinträchtig wird.[362] Derart sollen Risiken-Szenarien durch Naturkatastrophen, Streiks, drohende Insolvenzen oder etwa politische Konflikte erstellt werden. Allein von den Mitarbeitern ist diese Monitoring-Aufgabe nicht zu bewältigen, denn die weltweit zur Verfügung ste-

---

[358] Vgl. Huth, M.; Romeike, F. (2015), S. 66
[359] Vgl. Bechtold, J.; Kern, A. et al. (2014), S. 15
[360] Vgl. Bechtold, J.; Kern, A. et al. (2014), S. 15
[361] Vgl. Seidel, B. (2015)
[362] Vgl. Seidel, B. (2015)

henden Informationen und Hinweise müssen dafür in kürzester Zeit ausgewertet werden.[363] Die Datenmenge ist so groß und die Risikoszenarien so vielfältig, dass lediglich automatisierte Verfahren in der Lage sind, Bedrohungen so schnell wie möglich zu identifizieren.[364] Echtzeitanalysen von Metadaten in einer Größenordnung von 40 Terabyte können nur mit einer hoch performanten Infrastruktur bewältigt werden..[365] Ein Beispiel stellt die In-Memory Datenbank SAP Hana dar. Die Anwendung von Hana findet sich z.B. in der webbasierten Lösung „Vega" von Semantic Visions[366], welche semantische Analysen fährt und damit eine proaktive Behandlung von Bedrohungen ermöglicht. Vega ist in der Lage täglich automatisch bis zu einer Million Artikel von über 200.000 Online-Quellen in elf Sprache zu analysieren. Das entspricht 90 Prozent des frei verfügbaren Nachrichten Contents im weltweiten Internet.[367] Mit Hilfe von 1,5 Millionen ontologischen Begriffen und anhand zahlreicher vordefinierter Szenarien erkennt die Lösung Risiken und ihren Bedrohungsgrad für die Lieferkette. Besonders Hersteller mit über 1000 Lieferanten im Lieferantennetzwerk profitieren von dem hohen Automatisierungsgrad.

Für den Business-Anwender ist eine aussagekräftige Datenvisualisierung ebenso substanziell, denn erst dadurch werden Risikosituationen erkennbar. Eine geeignete Lösung stellt die „Visual-Data-Discovery-Plattform" von Datawatch dar. Datawatch bietet geeignete Darstellungsformen wie geografische Karten oder Diagramme, die mithilfe von Farbkodierungen Aufschluss über Ort, Art und Ausmaß einer potentiellen Bedrohung für das Lieferantennetzwerk liefern. Diese Visualisierung machen somit Big Data übersichtlich (siehe Abbildung 36).

---

[363] Vgl. Benoit, P. (2015)

[364] Vgl. Benoit, P. (2015)

[365] Vgl. TeDo Verlag GmbH (2014)

[366] Vgl. TeDo Verlag GmbH (2014)

[367] Zu den Quellen gehören beispielsweise Nachrichtenportale, Blogs und Webseiten von Regierungen und Unternehmen.

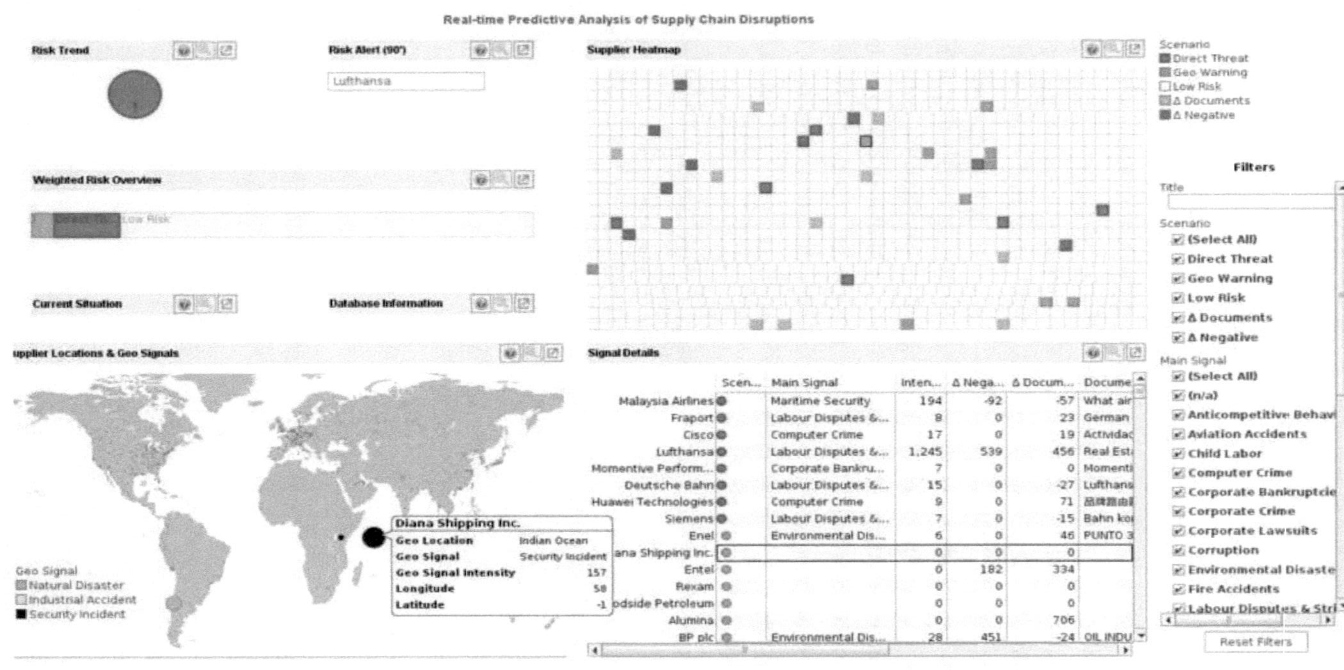

	Scen...	Main Signal	Inten...	Δ Nega...	Δ Docum...	Docume
Malaysia Airlines	●	Maritime Security	194	-92	-57	What air
Fraport	●	Labour Disputes &...	8	0	23	German
Cisco	●	Computer Crime	17	0	19	Actividad
Lufthansa	●	Labour Disputes &...	1,245	539	456	Real Est：
Momentive Perform...	●	Corporate Bankru...	7	0	0	Momenti
Deutsche Bahn	●	Labour Disputes &...	15	0	-27	Lufthans
Huawei Technologies	●	Computer Crime	9	0	71	品牌题由I
Siemens	●	Labour Disputes &...	7	0	-15	Bahn k01
Enel	●	Environmental Dis...	6	0	46	PUNTO 3
ana Shipping Inc.	●		0	0	0	
Entel	●		0	182	334	
Rexam	●		0	0	0	
odside Petroleum	●		0	0	0	
Alumina	●		0	0	706	
BP plc	●	Environmental Dis...	28	451	-24	OIL INDU

Abbildung 36: Dashboard von „Datawatch" zur Echtzeit-Visualisierungen
von Störungen in der Lieferkette
(Quelle: Finanzmagazin (2014))

Der Einsatz von intelligenter Software bei der Auswertung der Daten fördert somit eine schnellere und zudem automatisierte Risikoidentifikation. Ein großes Potential liegt dabei in den „Predictive Analytics". Das vorausschauende Erkennen von Risiken findet primär Anwendung im Bereich von Nachfrage-Vorhersagen und Bestands-Optimierungen.[368] Die Predictive-Analytics-Ansätze versuchen, die Entwicklung relevanter Zielgrößen auf Basis von statistischen Modellen, Kausalmodellen und komplexen Algorithmen zu prognostizieren z.B. in Form von Absatzprognosen.[369] Dies ermöglicht eine schnellere Erkennung von Risiken, als auch Chancen. Durch geeignete Big-Data Analysen können zudem strukturierte als auch in unstrukturierten Datenquellen auswerten und so schneller Muster erkennen, die auf ungewollte Ereignisse hindeuten. Auch dadurch wird ein proaktives Risikomanagement unterstützt, denn Risiken können schon bevor sie eintreten, erkannt werden. Auch die Nutzung von Sozialen Medien oder web-basierten Suchmaschinen kann zur Identifikation von Risiken verwendet werden. Durch Big-Data Analysen können diese unstrukturierten (Echtzeit-)Daten ausgewertet werden und Anhaltspunkte für mögliche kritische Ereignisse bieten. Auch können bspw. Informationen über den Zustand der der Infrastruktur nach einer Naturkatastrophe eingeholt werden.[370] Daraus können dann Auswertungen gefahren werden, die übermitteln, ob die eigene Supply-Chain von solchen Krisenereignissen beeinträchtigt wird.

7.2 Risikoanalyse und -bewertung

Im zweiten Prozessschritt, der Risikobewertung, werden die zuvor identifizierten Supply Chain Risiken beurteilt durch die Bestimmung der Eintrittswahrscheinlichkeit und des möglichen Schadens (siehe Kapitel 3.2) Aufgrund der hohen Datenvolumina, welches durch die Digitalisierung entlang der gesamten Supply Chain generiert wird, können potentielle Schäden und deren Eintrittswahrscheinlichkeit präziser vorhergesagt werden.[371] Ein Beispiel, welches die verbesserten Bewertungsmöglichkeiten illustriert, ist die Möglichkeit des IoT, das Risiko fehlerhafter Lagerung von Ware zu erkennen und die Wahrscheinlichkeit einer Be-

---

[368] Vgl. Seidel, B. (2015)

[369] Vgl. Gleißner, W.; Klein, A. (2017), S. 279

[370] Vgl. Kersten, W.; Schröder, M. et al. (2017), S. 66

[371] Vgl. Schröder, M.; Inforf, M. et al., S. 7

schädigung zu kalkulieren. [372] Macaulay et al. nennen in diesem Zusammenhang das Risiko von umstürzenden Paletten und Produkten, welche nicht gesichert sind. Eine Kombination aus Sensoren und Kameras kann dazu eingesetzt werden diese fehlerhafte Lagerung zu erkennen und die Wahrscheinlichkeit, dass ein Produkt herausfällt, zu berechnen. Sobald das Risiko einer nicht-fachgerechten Lagerung erkannt wird, können die verantwortlichen Mitarbeiter von der potentiellen Gefahr Notiz bekommen und entsprechende Maßnahmen einleiten. In diesem Beispiel erfolgt die Bewertung des Risikos und der Eintrittswahrscheinlichkeit voll automatisch und in höchster Präzision. In Folge dessen können zum einen die Beschädigung der Waren und zum anderen der Gefahr für Mitarbeiter durch ungesicherte Ware vorgebeugt werden.

Aufgrund der Menge und Vielfältigkeit an Quellen in eine zumindest teilautomatisierte Analyse und Bewertung der Risiken erforderlich.[373] Dies wiederum impliziert einen Einsatz von speziellen Algorithmen und Auswertungsverfahren. An dieser Stelle sei beispielsweise die eingesetzte Prognosesoftware des Versandhändlers Otto zu nennen. Für jeden der über zwei Millionen verschiedenen Artikel berechnet die Software die Verkaufsprognosen der kommenden Wochen oder Monate. Rund 200 Variablen fließen in die Berechnung ein, etwa die Verkaufszahlen des Vorjahres, aktuelle Werbekampagnen für ein Produkt oder auch die Wettervorhersage. Die Vielzahl an Daten können durch die Software intelligent ausgewertet werden, was dem Unternehmen einen strategischen Vorteil erschafft.[374] Hintergrund dafür ist, dass die Prozesse durch geeignete Big Data Analysen effizienter und produktiver gehandhabt werden können.[375]

Auch die in Kalifornien gegründete Firma NC4 hat es sich zur Aufgabe gemacht, detaillierte, globale und in real-time vorliegende Informationen auszuwerten und Risiken, die sich auf den Betrieb und die Sicherheit von reisenden Mitarbeitern auswirken können, zu erkennen.[376] Um eine Echtzeitbeurteilung globaler Vorfälle zu ermöglichen und eine globale Situationskarte mit Auswirkung und Priorität der Risiken zu generieren, prüft das Unternehmen kontinuierlich Datenbanken

---

[372] Vgl. Macaulay, J.; Kückelhaus, M. (2015), S. 18
[373] Vgl. Kersten, W.; Schröder, M. et al. (2017), S. 66
[374] Vgl. Menn, A. (2014), S.
[375] Vgl. Menn, A. (2014), S.
[376] Vgl. Schlegel, G. L.; Trent, R. J. (2015), S. 237

und Newsfeed rund um die Welt. Diese Informationen werden dann direkt von dem Risikobeurteilungstool in die Kommandozentralen des Unternehmens übertragen und grafisch dargestellt. Die Kombination aus eingehender globaler Risikoanalyse, Tracking der weltweiten Reisen von Mitarbeitern und Alarmmeldungen in Echtzeit können vorrausschauende Erkenntnisse über Risiken bezüglich des Unternehmens und dem Wohlergehen der Mitarbeiter liefern. Der schnelle Zugriff auf Lieferanteninformationen im geografischen Kontext kann außerdem die Vermeidung einer Lieferkettenunterbrechung beschleunigen.[377] Wird mittels bspw. einer Cloud ein unternehmensübergreifenden SCRM angestrebt, so können sich durch die digitale Transformation neue Risikobewertungsfelder erschließen: Prognosen über die Produktions- und Kapazitätsauslastungen sowie die bessere Nachvollziehbarkeit von Abhängigkeiten zwischen den Vorlieferanten können aufgrund der Nutzung von transparenten Supply Chain Daten veränderten Bewertung der Supply Chain Risiken führen. Die oft rein subjektive und qualitative Risikobewertung von den Verantwortlichkeiten kann durch die Datenverfügbarkeit mittels einer systematischen und quantitativen Risikobewertung ergänzt werden und dadurch die Prognosegenauigkeit von der Eintrittswahrscheinlichkeit eines Risikos sowie die Berechnung des Schadenausmaß deutlich verbessern.

7.3 Risikosteuerung

Zur Erweiterung der Maßnahmen bezüglich der Risikosteuerung wird hier gemäß Kapitel 4.6.3 nach *ursachen- und wirkungsbezogenen Maßnahmen* unterschieden. Aktive bzw. ursachenbezogene Maßnahmen gestalten und beeinflussen die Risikostrukturen und -verhältnisse positiv, mit dem Ziel, das Risiko tatsächlich zu reduzieren (siehe Kapitel 4.6.3). Die wirkungsbezogenen Maßnahmen hingegen setzen den Fokus auf die Folgen von Risiken und sollen die negativen Effekte bei einer Zielabweichung verringern.

In Kapitel 5.2. Business Analytics wurde bereits der Übergang von der Sammlung unterschiedlichster Daten zu der Auswertung dieser Daten beschrieben; es geht im Kern darum aus unterschiedlichsten Daten wertvolle Informationen, welche zur Entscheidungsgrundlage dienen, zu generieren. Nach der Definition (siehe Kapitel 4.1) wird ein Risiko als ein *zukünftiges* Ereignis betrachtet. Aus dieser Erkenntnis heraus, kann Predictive- und Prescriptive Analytics Anwendung im

---

[377] Vgl. NC4 (2017)

Supply Chain Riskmanagement finden, um z.B. den *Planungsprozess* zu verbessern. Beispielsweise können durch die Analysen die tatsächlichen Absatzzahlen bereits vorab prognostiziert werden.[378] Dieses Ergebnis fließt dann unmittelbar in die Planung der zu produzierenden Stückzahlen ein. Damit können die Versorgungs- und Nachfragerisiken gedämmt werden. Wenn Unternehmen durch die Auswertungen vorab wissen wie hoch die Absatzmenge sein wird, senkt sich das Risiko einer Fehlkalkulation in der Nachfrage. Dies wirkt sich auch unmittelbar auf die Kosten aus, denn dadurch können teure Sicherheitsbestände gesenkt werden. Auch drohende Stillzeiten können erkannt werden, was als Folge die Gefahr von Produktionsausfällen minimiert.[379] Die Zustandsdaten von Maschinen oder einzelner Komponenten können erfasst und mit entsprechenden Predictive Methoden ausgewertet werden. Bei Störungen oder bei baldigem Ausfall hindeutenden Mustern werden dann präventiv Wartungs- oder Reparaturmaßnahmen eingeleitet. Der Industriekonzern *Johnson & Johnson* setzt beispielsweise Analyse-Systeme ein, um die Fehleranfälligkeit bei der Kontaktlinsenproduktion zu senken. Die Ergebnisse davon sind zwei Prozent mehr Ertrag und 750.000 mehr produzierte Einheiten.[380]

Durch diese *aktive bzw. ursachenbezogene Steuerung* wird also die Ursache des Risikos behandelt, um damit den Eintritt des Risikos zu verhindern. Auch die Möglichkeiten von Echtzeit-Daten versprechen in diesem Zusammenhang Anwendung durch die Schließung einer Informationslücke zwischen den Partnern.[381] Die Nutzung der Echtzeit – Daten hat zur Folge, dass zukünftige Entscheidungen treffsicherer werden.[382] Der Austausch der exakten Supply- Chain-Daten in Echt-Zeit reduziert die Verzögerungen zwischen den beteiligten Geschäftspartnern[383], somit kann die Vorhersage von Kundenwünschen sehr genau bestimmt werden. Multiple Anpassungen an Nachfrageprognosen werden vermieden, indem die Bestell- und Nachfragemengen des Endkunden simultan an die vorausgehenden Stufen vermittelt werden. Es ergibt sich eine Kontrolle über den Bull-

---

[378] Vgl. Uniserv GmbH (2016)

[379] Vgl. Uniserv GmbH (2016)

[380] Vgl. Seidel, B. (2015)

[381] Vgl. Vahrenkamp, R. (2007), S. 376

[382] Vgl. Emmrich Dr., V. (2016), S. 4

[383] Vgl. Weber, K. (2015), S. 31

whip-Effekt[384]. Als unmittelbare Folgen sinken Durchlaufzeiten, überflüssige Lagerbestände, Fehlproduktionen, Ausschuss und eine suboptimale Kapazitätsauslastung.

Eine Cloud kann durch die Vernetzung der Partner innerhalb der Supply Chain und durch die Schaffung einer einheitlichen Datenbasis hohes Maß an Transparenz über die gesamte Supply Chain schaffen. Die Cloud kann durch mehr Sichtbarkeit von Beständen und Warenströmen in der Logistik Verzögerungen bei der Lieferung proaktiv begegnen und ermöglicht es auf alternative Routen, Transportmittel oder Bestände auszuweichen.[385] Versorgungsrisiken durch verspätete Lieferungen können somit u.a. durch die verbesserte Liefertreue[386] gesenkt werden. Zudem wird das Risiko von gefälschten oder defekten Waren innerhalb der Supply Chain durch die Datengenerierung von Sensoren oder RFID deutlich reduziert. Qualitätsmängel stellen wie bereits in Kapitel 4.3 erwähnt Versorgungsrisiken dar. Die mangelhaften Waren können durch eine transparente Supply Chain identifiziert werden, bevor sie verbaut werden und womöglich größeren Schaden anrichten könnten.

In Bezug auf die *wirkungsbezogenen Maßnahmen* können durch intelligente Analysen Versorgungsengpässe, durch Vorhersage von Lieferausfällen bei einem Lieferanten, verhindert werden. Fällt ein Lieferant beispielsweise in die Insolvenz, besteht die Gefahr, dass dieser die notwendigen Teile nicht mehr liefern kann. Durch Predictive Analytics kann frühzeitig errechnet werden, ob der Lieferant in Zukunft zahlungsfähig ist und somit seine Teile liefern kann. Damit setzen die neuen Technologien an den *Wirkungen* eines Risikoeintritts an. Zwar kann das Risiko, dass ein Lieferant nicht mehr lieferfähig ist, prinzipiell nicht verhindert werden, aber durch die frühzeitige Kenntnis davon, können beispielsweise Alternativlieferanten gesucht werden und dadurch die Wirkung der Insolvenz eines Lieferanten auf das eigene Unternehmen gedämmt werden. Durch die neuen Technologien und die Cloud als technologischer Baustein wird somit eine Steigerung der Flexibilität erreicht, die vor allem durch das situationsgerechte „Hinzufügen" von Kapazitäten realisiert wird.

---

[384] Vgl. Vahrenkamp, R. (2007), S. 377

[385] Vgl. Gorter, G.-J.,

[386] Laut Gartner, einem Unternehmen für Marktforschung und Beratung, konnte die Liefertreue in einem Projekt durch Supply Chain Visibility auf 98 Prozent gesteigert werden. (Quelle: Staib, C. (2016))

Auch können mit geeigneten Big-Data-Auswertungen von primär unstrukturierter Daten wie z.B. aus Social-Media Plattformen neue Trends erkannt und dadurch frühzeitig darauf reagiert werden. Damit wird eine passive Steuerung der Risiken möglich, da Markttrends an sich nicht verhindert werden können, aber durch die Analysen eine rechtzeitige Einleitung von Steuerungsmaßnahmen möglich wird.

7.4 Risiko- und Maßnahmenüberwachung

Durch die neuen Schlüsseltechnologien existiert ein deutlich höheres Datenvolumen zur Risikoüberwachung, welches zur Auswertung verwendet werden kann. Dadurch gehen umfassendere Auswertungsmöglichkeiten einher, gleichzeitig müssen neue Ansätze implementiert werden, um eine Datenüberflutung zu verhindern und dadurch die Auswertung relevanter Daten sicherstellen. Darüber hinaus kann mithilfe der zunehmenden Digitalisierung die Wirkungsweise der gewählten SCRM Strategie sowie der Effekt der gewählten SCRM Maßnahmen deutlicher aufgezeigt werden, indem die Bedrohungslage anhand historischer Daten nachvollzogen und das Funktionieren des SCRM Systems verdeutlicht werden kann.[387] Der Erfolg des SCRM lässt sich somit quantifizieren. Zudem könnte ein höherer Automatisierungsgrad durch die Verfügbarkeit der Daten erreicht werden, d.h. Mitarbeiter müssten die Informationen nicht mehr manuell eintragen und Soll-Ist-Vergleiche durchführen.

Von dem klassischen Risikomanagementprozess abgeleitet (siehe Abbildung 11) ist in Abbildung 37 das traditionelle sowie das erarbeitete datengetriebene Risikomanagement für Supply Chain dargestellt.

---

[387] Vgl. Kersten, W.; Schröder, M. et al. (2017), S. 68

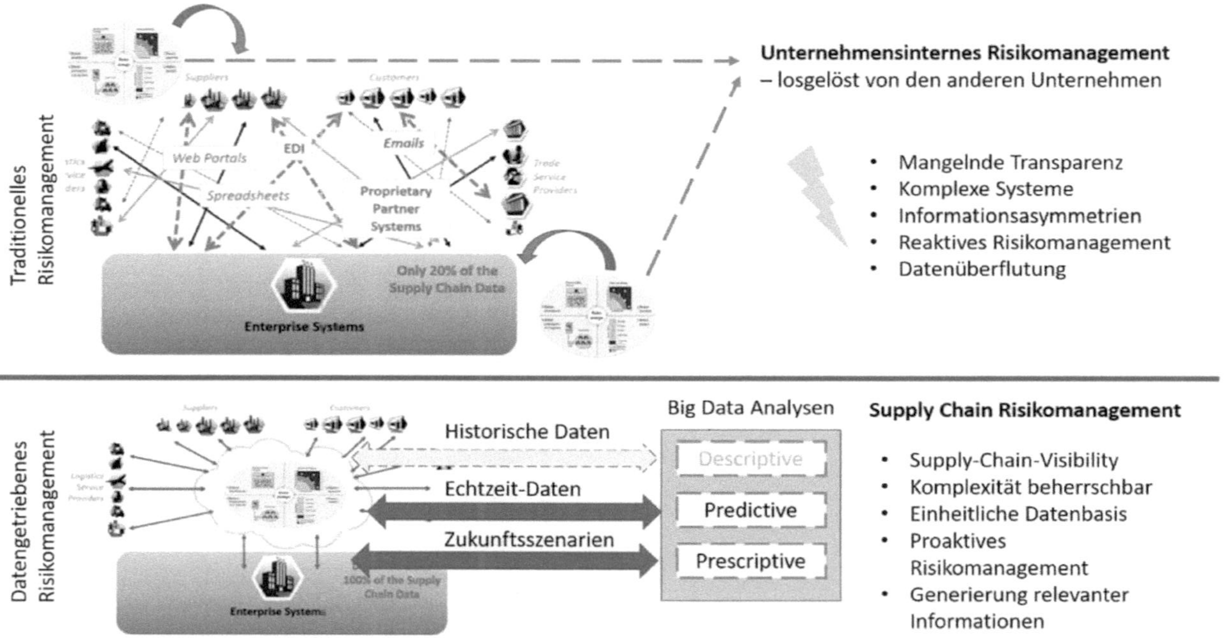

Abbildung 37: Traditionelles und datengetriebenes Risikomanagement in Supply Chains
(Quelle: Eigene Darstellung)

7.5 Wirkungsweise eines datengetriebenen Supply Chain Risikomanagements

In Kapitel 4.5 wurden die *risikobezogenen Zielsetzungen* im Supply Chain Management diskutiert, welche als Basis für das Management von Risiken gelten. Sie bedingen inwieweit überhaupt Risiken als Abweichungen von der Zielerreichung bestehen.[388] Auch die in Kapitel 3.1 genannte Definition von Risiko als Gefahr von Fehlentscheidungen, die zur Nicht-Erreichung der gesetzten Ziele führen, setzt sowohl das Vorhandensein von Zielen voraus, wie auch das Treffen einer Entscheidung.[389] Im vorangegangenen Abschnitt wurde auf die Auswirkungen eines datengetriebenen Ansatzes auf die verschiedenen Risiken in Supply Chains geblickt. In diesem Abschnitt soll der Blick von den Risiken auf die Ziele gerichtet werden. Die Frage in wie weit sich ein datengetriebener Ansatz auf die Erreichung der generellen Zielsetzungen im Supply Chain Management[390] auswirkt, stellt also Gegenstand dieses Abschnittes dar.

Bezogen auf die Leistungsziele führt ein Übergang von Single-Time-Daten zu Echtzeit-Daten zu geringeren Durchlaufzeiten, Lieferzeiten und Lagerbeständen. Dies resultiert aus der genaueren Kundenprognose durch die geringe Verzögerung der Informationen innerhalb der Geschäftspartner. Langfristig gesehen kann dies zur Sicherung der Wettbewerbsfähigkeit beitragen.

Durch geeignete Predictive Analytics Anwendungen kann die Kundennachfrage ebenso prognostiziert werden. Ausgehend von den zukunftsorientierten Analytics werden geeignete Maßnahmen abgeleitet, um die prognostizierte Entwicklung aktiv beeinflussen zu können.[391] Eine geringe Kapitalbindung als Finanzziel kann somit durch die optimale Bestell- und Liefermenge auf Basis der Kundennachfrage erreicht werden. Intelligente Vorhersagen können somit daraus ableitend Kosten im gesamten Wertschöpfungsprozess senken.

Eine Umstrukturierung von Prozessen, die sich ganzheitlich, d.h. End-to-End, durch das gesamte Netzwerk zieht, ermöglicht deutliche Leistungssteigerungen

---

[388] Vgl. Vahrenkamp, R. (2007), S. 31

[389] Vgl. Götze, Uwe; Henselmann, Klaus; Mikus, Barbara (2001), S. 5

[390] Die Zielsetzungen im Supply Chain Management wurde in Kapitel 2.3 diskutiert.

[391] Vgl. Horváth, P. (2016), S. 5

auf allen Ebenen[392]. Herrscht Transparenz („Visibility") in einer Supply Chain, kann dem Leistungsziel des verbesserten Ressourcenzugangs und Ergänzung von Kompetenzen positiv entgegen gekommen werden. Voraussetzung dafür stellt die kollaborative Bereitstellung von Informationen zwischen den Partnern in der gesamten Supply Chain dar.[393] Fehlentscheidungen, ausgelöst durch einen Mangel an Informationen, könnten durch so ein unternehmensweites, datengetriebenes Risikomanagement erheblich gesenkt werden.

Der Fokus der *Barrieren* für ein unternehmensübergreifendes Risikomanagement (Kapitel 5.1) wurde in den vergangenen Abschnitten auf die *Kooperation* gelegt. Die Hindernisse bezüglich der Kooperation (Kapitel 5.1) betreffen zum einen psychologische Aspekte wie das mangelnde Vertrauen, aber auch die technologischen Aspekte. Im Rahmen dieser Arbeit wurden die technologischen Aspekte als Hindernis für ein Supply Chain Risikomanagement untersucht. Zum einen muss ein SCRM-System im unternehmensübergreifenden Kontext Schnittstellen berücksichtigen. Dabei besteht eine Möglichkeit durch die Nutzung einer Cloud die maximale Reduktion der Schnittstellen herbeizuführen. Das Problem von Insellösungen unterschiedlicher Risikomanagementsysteme und -tools könnte so umgangen werden. Aus methodischer Sicht muss das SCRM-Konzept ein unternehmensübergreifendes Risikomanagement unterstützen, d. h. Methoden zur Verfügung stellen, mit denen unternehmensübergreifende Risiken identifiziert, analysiert, bewertet und mit entsprechenden Maßnahmen behandelt werden. Dieser Prozess inkludiert eine kontinuierliche Maßnahmen- und Risikoüberwachung.

Ist eine Supply Chain ganzheitlich abgestimmt und die Systeme integriert, kann dadurch auch der angesprochene Zielkonflikt zwischen der Effizienzsteigerung und dem Sicherheitsziel positiv entgegengewirkt werden. Durch eine transparente Supply Chain können nämlich frühzeitig Risiken erkannt und daraufhin entsprechende Maßnahmen eingeleitet werden. Ein Sicherheitsbestand ist deshalb nicht mehr essentiell, um Unsicherheiten vorzubeugen. Die verfügbaren Informationen entlang der kompletten Supply Chain bieten den Verantwortlichen eine Entscheidungsgrundlage, auf Basis derer sie rational handeln können und sich nicht mehr ausschließlich von ihrer „unternehmerischen Intuition" leiten lassen. Ist eine solche verfügbare Informationsgrundlage vorhanden, kann dies zum

---

[392] Vgl. Mandewirth Dr., S. (2012)
[393] Vgl. Goh et al. (2013), S. 207

wettbewerbsentscheidenden Erfolgsfaktor führen und steht damit im Einklang mit dem übergeordneten Supply-Chain-Management-Ziel (siehe Kapitel 2.4.1).

8 Zusammenfassung

Der Stellenwert der Supply Chain hat sich in den letzten Jahren über alle Branchen stetig erhöht. Wurden früher Entscheidungen langfristig getroffen, waren die Märkte stabil, Produktionen mit hoher Fertigungstiefe auf eigenen Anlagen gefahren, und hatte die Logistik einen untergeordneten Stellenwert, haben sich diese Werte stark verändert. In einer Welt, in der man schnell auf Veränderungen reagieren muss und die vernetzte Produktion immer mehr in den Vordergrund rückt, ist die klassische Supply Chain Planung oft nur noch im strategischen Ansatz hilfreich. Für das Tagesgeschäft müssen viele Faktoren betrachtet und schnelle Entscheidungen gefasst werden, um eine reibungslose Supply Chain zu garantieren. Damit ein Optimum über das ganze Netz hinweg erzielt wird, wird eine unternehmensübergreifende Betrachtung der Abläufe zwischen den Partnern angestrebt. Dies ist darauf zurückzuführen, dass die Wettbewerbsfähigkeit maßgeblich von dem reibungslosen Ablauf der gesamten Supply Chain abhängt. Dieser unternehmensübergreifende Ansatz ist im Supply Chain Risikomanagement jedoch heute nur im Ansatz vorhanden. Zwar sind Supply Chain Risiken im Bewusstsein der Unternehmen angekommen. Trotzdem ist in vielen Unternehmen ausschließlich eine lokale Optimierung der eigenen Risikosituation zu beobachten. In den letzten Jahren zeigten etliche Beispiele, dass diese Strategie fatale Folgen haben und sogar die Unternehmensexistenz gefährden kann. Vorfälle wie das Tōhoku-Erdbebens in Japan verdeutlichen, dass ein einziges Ereignis in der Supply Chain unmittelbar weitreichende Folgen für die anderen Unternehmen in diesem Netzwerk haben können. Um Wertschöpfungssysteme sicherer gegen Störungen zu machen, ist somit ein über die gesamte Organisation abgestimmtes methodisches Vorgehen unerlässlich. Noch großes Verbesserungspotenzial besteht in der Umsetzung eines solchen Risiko-Modells. Viele Firmen sichern sich immer noch ungenügend gegen Risiken ab, implementieren keinen ganzheitlichen Ansatz oder reagieren erst auf die Risiken, wenn es schon zu spät ist. Die Gründe, weshalb die Umsetzung eines interorganisatorischen Risikomanagements in der Praxis häufig scheitert, sind vielfältig. Vordergründlich sind die mangelnde Transparenz aufgrund von Informationsasymmetrien und die Komplexität durch die Anzahl der kooperierenden Unternehmen sowie der Datenmenge und -heterogenität zu nennen. Die Informationsbasis ist der zentrale Bereich eines jeden Risikomanagements. Ohne Informationen können weder Risiken identifiziert, noch entsprechende Analysen und Bewertungen durchgeführt werden. Die geringe Verfügbarkeit relevanter Informationen entlang der Supply Chains ist zum einen auf die mangelnde Bereitschaft der Unternehmen, Informationen auszutauschen, begründet. Zum anderen fehlen methodische Konzepte und Standards. Diese Arbeit hat den Fokus auf die methodischen Konzepte gelegt. Dabei wurde auf Basis des idealtypischen Risikomanagementprozesses mit seinen Teilphasen ein Konzept erarbeitet, welches eine transparente Supply Chain darstellt und folgerichtig dadurch ein interorganisatorisches Risikomanagement ermöglichen soll. Um den Herausforderungen zu begegnen, die sich aus einem zunehmend wettbewerbsfähigem Markt und anspruchsvollen Kundenanforderungen ergeben, müssen technologische Treiber genutzt werden, um Daten effektiv zu verarbeiten. Es wurden daher im ersten Schritt Schlüsseltechnologien zur Umsetzung eines datengetriebenen Risikomanagementansatzes für Supply Chains herausgearbeitet und untersucht. In diesem Zusammenhang wurde das Zusammenspiel von Supply-Chain-Visibility-Lösungen, der Analyse von Big Data und der Cloud als eine Basis für die digitale Transformation der Supply Chain extrahiert. Diese Technologien ermöglichen ein datengetriebenes Supply Chain Risikomanagement, denn das gemeinsame Grundprinzip all dieser Technologien ist die Nutzung von Informationen, mit dem Ziel eines besseren Überblicks zur Schaffung fundierter Unternehmensentscheidungen. Lieferkettentransparenz bzw. „Visibility" verschafft eine Echtzeit-Darstellung der unternehmerischen Prozesse. Das Ziel der Verbesserung von Sichtbarkeiten und Transparenz in Logistiknetzwerken ist es, aktuelle Aktivitäten und potentielle Risiken entlang einer Lieferkette aufzuzeigen. Diese Informationen können Entscheider verwenden, um Unterbrechungen zu detektieren und durch geeignete Maßnahmen auf diese zu reagieren. Die Analyse von Big Data durch Predictive Analytics verwandelt die Rohdaten in verwertbare Erkenntnisse, wodurch die Komplexität der enormen Datenmenge beherrschbar wird. Dabei ist die Cloud ist das Technologiemodell, das Barrieren durch universellen Datenzugriff abbaut, ganz gleich wo sich die Unternehmen befinden. Durch die Digitalisierung von Supply-Chain-Netzwerken steigt zudem die Anzahl von Echtzeitdaten, die eine schnellere Erkennung und Reaktion auf potenzielle Risiken ermöglichen. Weil Echtzeit-Daten breit verfügbar werden, können Entscheidungen wesentlich schneller auf der Grundlage zuverlässiger Daten getroffen werden, welche eine deutlich höhere Prognosegenauigkeit aufweisen als qualitative Analysen. Nachdem durch die Schlüsseltechnologien die Möglichkeiten zur Umsetzung eines datengetriebenen Supply Chain Risikomanagements aufgezeigt wurden, lag der Fokus der Arbeit auf der Erweiterung der Methoden im Risikomanagementprozess. Von der Identifizierung kritischer Bereiche bis zur Bewertung, Steuerung und Überwachung wurde der durchgängige Prozess mit den Erkenntnissen aus den vorherigen Kapiteln erweitert. In dem Ergebnis des konzipierten Risikomanagements für Supply Chains werden alle Risiken proaktiv und datenbasiert behandelt. Das Interagieren in der Supply Chain vor dem Hintergrund zunehmender Transparenz durch vollständige Informationen und erhöhter Reaktionsfähigkeit auf ungeplante Ereignisse verändert sich dadurch zunehmend. Durch ein unternehmensübergreifendes Risikomanagement wird selbst der Bullwhip-Effekt über die Wertschöpfungsstufen beherrschbar und das ohne zusätzliche Sicherheitsbestände aufbauen zu müssen. Unternehmen sind durch die verfügbaren Informationen, welche z.B. durch Sensoren oder RFID generiert werden und in der Cloud für alle Teilnehmer der SC zur Verfügung stehen, nicht mehr in einer Situation der Unsicherheit, weshalb Risiken deutlich besser zu steuern sind. Dadurch ist das allgemeine Supply-Chain-Management-Ziel einer Effizienzsteigerung nicht mehr in Konflikt mit dem Sicherheitsziel. Die unternehmensübergreifende Unterstützung der Geschäftsprozesse von Unternehmen durch Informationstechnik kann demnach zur wesentlichen Voraussetzung für die langfristige Erhaltung der Wettbewerbsfähigkeit beitragen und somit zur Erfüllung des übergeordneten Ziels des Supply Chain Management führen. Ein datengetriebenes Risikomanagement hilft damit nicht nur, Risiken in den Griff zu bekommen, sondern führt auch zu einem offenkundigen strategischen Wettbewerbsvorteil.

Literaturverzeichnis

Altenähr, V.; Nguyen, T.; Romeike, F.; Meder, H.; Nold, W.; Pallenberg, C.; Schwab, S. (2008): *Risikomanagement kompakt* In: Verlag Versicherungswirtschaft.

Arndt, H. (2013): *Supply Chain Management. Optimierung logistischer Prozesse* In: Gabler Verlag.

Baumgarten, H. (2004): *Entwicklungsphasen des Supply Chain Managements.* In: Helmut Baumgarten, Inga-Lena Darkow und Hartmut Zadek (Hg.): Supply Chain Steuerung und Services. Logistik-Dienstleister managen globale Netzwerke -- Best Practices. Berlin, Heidelberg: Springer Berlin Heidelberg, S. 51–60.

Baumgarten, H.; Darkow, I.-L. (2004): *Konzepte im Supply Chain Management.* In: Axel Busch und Wilhelm Dangelmaier (Hg.): Integriertes Supply Chain Management. Theorie und Praxis effektiver unternehmensübergreifender Geschäftsprozesse. 2. Auflage. Wiesbaden: Gabler Verlag, S. 91–110.

Bayer, F.; Bioly, S. (2014): *Supply Chain Risk Management in der Industrie - am Beispiel der Metall- und Elektroindustrie.* Essen: ILD (ild Schriftenreihe Logistikforschung, 41). Online verfügbar unter https://www.econstor.eu/bitstream/10419/102402/1/797246819.pdf.

Bechtold, J.; Kern, A. et al. (2014): *Industry 4.0 - The Capgemini Consulting View. Sharpening the Picture beyond the Hype.* Online verfügbar unter https://www.capgemini.com/consulting-nl/wp-content/uploads/sites/33/2017/08/industrie_4.0_0.pdf.

Benoit, P. (2015): *Supply Chain Management Alle Risiken im Lieferantennetzwerk.* Hg. v. Beschaffung aktuell. Online verfügbar unter http://beschaffung-aktuell.industrie.de/allgemein/alle-risiken-im-lieferantennetzwerk/, zuletzt geprüft am 19.10.2017.

Bleicher, K. (2011): *Das Konzept Integriertes Management. Visionen - Missionen - Programme* In: Campus Verlag.

Bogaschewsky, Ronald; Eßig, Michael; Lasch, Rainer; Stölzle, Wolfgang (2013): *Supply Management Research. Aktuelle Forschungsergebnisse 2013.* Wiesbaden In: Imprint: Springer Gabler, 1 online resource (XIV, 281 S.) (Advanced Studies in Supply Management).

Böger, M. (2010): *Gestaltungsansätze und Determinanten des Supply Chain Risk Managements. Eine explorative Analyse am Beispiel von Deutschland und den USA* In: Josef Eul Verlag GmbH.

Brandes, D.; Brandes, N. (2015): *120 Mal einfach statt komplex. Wie Sie einfach besser managen* In: LINDE VERLAG.

Braun, David (2012): *Von welchen Supply-Chain-Management-Massnahmen profitieren Automobilzulieferer? Eine wertorientierte Analyse an der Schnittstelle zwischen Zulieferer und Automobilhersteller.* Wiesbaden In: Gabler (Gabler research).

Busch, A.; Dangelmaier, W.; Seidel, U.; Rüther, M. (2013): *Marktspiegel Supply Chain Management Systeme. Potenziale — Konzepte — Anbieter im Vergleich* In: Gabler Verlag.

Busch, Axel; Dangelmaier, Wilhelm (2004): *Integriertes Supply Chain Management. Theorie und Praxis effektiver unternehmensübergreifender Geschäftsprozesse.* Wiesbaden In: Gabler Verlag. 2. Auflage, Online-Ressource.

BWL leicht gemacht (2015): *Zielbeziehungen*. Hg. v. YouTube. Online verfügbar unter https://www.youtube.com/watch?v=Bgu36DKOS4Q, zuletzt geprüft am 21.11.2017.

Chopra, Sunil; Sodhi, ManMohan S. (2004): *Managing risk to avoid. Supply-chain breakdown* In: Boeck Universite (46).

Christopher, Martin (2011): *Logistics & supply chain management*. 4th ed. London In: Pearson.

Christopher, Martin; Peck, Helen (2004): *Building the Resilient Supply Chain* (15).

Corsten, H.; Gössinger, R. (2008): *Einführung in das Supply Chain Management* In: Oldenbourg.

Czaja, Lothar (2009): *Qualitätsfrühwarnsysteme für die Automobilindustrie*. Wiesbaden In: Gabler, Online-Datei (Gabler Edition Wissenschaft).

Doege, Dana (2013): *Hedge Accounting nach IAS/IFRS. Bilanzielle Abbildung Ãœkonomischer Sicherungsbeziehungen*. Dordrecht In: Springer (Hallesche Schriften zur Betriebswirtschaft, v. 29).

Döring, A.; Sucky, E. (2013): *Entwicklung und Anwendung eines Risikomanagement-Konzepts für internationale Containertransporte*. In: Ronald Bogaschewsky, Michael Eßig, Rainer Lasch und Wolfgang Stölzle (Hg.): Supply Management Research. Aktuelle Forschungsergebnisse 2013. Wiesbaden: Imprint: Springer Gabler (Advanced Studies in Supply Management), S. 251–273.

Dorion, P. (2014): *Was sind unstrukturierte und strukturierte Daten und wie unterscheiden sie sich?* Online verfügbar unter http://www.searchenterprisesoftware.de/antwort/Was-sind-unstrukturierte-und-strukturierte-Daten-und-wie-unterscheiden-sie-sich, zuletzt geprüft am 20.11.2017.

Emmrich Dr., Volkhard (2016): *Restructuring & Finance. Digitalisierung - werden analoge Geschäftsmodelle zum Sanierungsfall?*

Fabig, C.; GmbH, V.M.C.; Haasper, A. (2016): *IT Management. Erfahrungen und Trends* In: Books on Demand.

Fettke, Peter (2007): *Supply Chain Management. Stand der empirischen Forschung* (77).

Finanzmagazin, I. T. (2014): *Datawatch visualisiert Teradata OLAP- und Streaming-Daten · IT Finanzmagazin*. IT Finanzmagazin. Online verfügbar unter https://www.it-finanzmagazin.de/datawatch-visualisiert-teradata-olap-und-streaming-daten-6070/, zuletzt geprüft am 19.10.2017.

Gadatsch, A. (2017): *Prozessmanagement und Big Data Eine neue Herausforderung*. Hg. v. GITO mbH Verlag für Industrielle Informationstechnik und Organisation. Online verfügbar unter http://www.erp-management.de/node/617, zuletzt geprüft am 20.11.2017.

Gadatsch, A.; Landrock, H. (2017): *Big Data für Entscheider. Entwicklung und Umsetzung datengetriebener Geschäftsmodelle* In: Springer Vieweg.

Gadatsch, A.; Mayer, E. (2013): *Masterkurs IT-Controlling. Grundlagen und Praxis für IT-Controller und CIOs - Balanced Scorecard - Portfoliomanagement - Wertbeitrag der IT - Projektcontrolling - Kennzahlen - IT-Sourcing - IT-Kosten- und Leistungsrechnung* In: Springer Fachmedien Wiesbaden.

Gänßlen, S. (2015): *Controlling im Zeitalter der intelligenten Vernetzung*. Hg. v. Internationaler Controller Verein. Online verfügbar unter https://www.icv-control-ling.com/fileadmin/Assets/Content/AK/Ideenwerkstatt/Files/Dream_Car_Industrie4.0_DE.pdf.

Gartner (2017): *Datenaustausch in der Lieferkette: vom Netzwerk zu vernetzten Netzwerken*. Hg. v. silicon.de. Online verfügbar unter http://www.silicon.de/blog/datenaustausch-in-der-lieferkette-vom-netzwerk-zu-vernetzten-netzwerken/?inf_by=5a0f4b60671db89c5c8b4b12, zuletzt geprüft am 20.11.2017.

Gleißner, W. (2011): *Grundlagen des Risikomanagements im Unternehmen. Controlling, Unternehmensstrategie und wertorientiertes Management* In: Vahlen.

Gleißner, W.; Klein, A. (2017): *Risikomanagement und Controlling. Chancen und Risiken erfassen, bewerten und in die Entscheidungsfindung integrieren* In: Haufe Lexware GmbH.

Goh, R. Siow Mong; Wang, Z. et al. (2013): *RiskVis: Supply chain visualization with risk management and real-time monitoring.* In: 2013 IEEE International Conference on Automation Science and Engineering (CASE 2013). Madison, Wisconsin, USA, 17-20 August 2013. 2013 IEEE International Conference on Automation Science and Engineering (CASE 2013). Madison, WI, USA. IEEE International Conference on Automation Science and Engineering. Piscataway, NJ: IEEE, S. 207–212.

Göpfert, I. (2004): *Einführung, Abgrenzung und Weiterentwicklung des Supply Chain Managements.* In: Axel Busch und Wilhelm Dangelmaier (Hg.): Integriertes Supply Chain Management. Theorie und Praxis effektiver unternehmensübergreifender Geschäftsprozesse. 2. Auflage. Wiesbaden: Gabler Verlag, S. 25–45.

Gorter, G.-J. : *Supply Chain Visibility - Definition.* Online verfügbar unter http://www.digitalwiki.de/supply-chain-visibility/, zuletzt geprüft am 29.09.2017.

Götze, Uwe; Henselmann, Klaus; Mikus, Barbara (2001): *Risikomanagement.* Heidelberg In: Physica-Verlag HD; Imprint; Physica, 1 online resource (Beiträge zur Unternehmensplanung).

Grosse-Ruyken, P.-T. (2015): *Risikomanagement in Einkauf und Supply Chain. Integriertes Risiko-Modell schafft Wettbewerbsvorteile.* Hg. v. KMU-Magazin Strategie & Management. Online verfügbar unter https://www.procure.ch/fileadmin/user_upload/Dokumente/Fachartikel/Artikel_KMU.pdf, zuletzt geprüft am 18.11.2017.

GT Nexus (2016): *Report: Digitale Transformation der Supply Chain – Stand heute und in 5 Jahren. Eine branchenübergreifende Studie mit 337 Führungskräften aus 20 Ländern offenbart die Erwartungen an die Digitale Transformation.* Online verfügbar unter http://www.gtnexus.de/www.gtnexus.de/digitale-transformation, zuletzt geprüft am 16.09.2017.

Gül, O. (2013): *IT-Unterstützung im Supply Chain Risikomanagement* In: Bod Third Party Titles.

Haindl, A.; Kromschröder, B.; Wilhelm, J. (1996): *Risk Management von Lieferrisiken* In: Verlag Versicherungswirtschaft.

Haller, Matthias (1986): *Risiko-Management — Eckpunkte eines integrierten Konzepts* In: Gabler Verlag, Wiesbaden. Online verfügbar unter https://link.springer.com/content/pdf/10.1007%2F978-3-322-86198-6_1.pdf.

Haufe (2016): *Kommunikationscontrolling / 3.1.3 Woher kommen die Daten? | Finance Office Professional | ...* Online verfügbar unter https://www.haufe.de/finance/finance-office-professional/kommunikationscontrolling-313-woher-kommen-die-daten_idesk_PI11525_HI9096832.html, zuletzt geprüft am 20.11.2017.

Henke, M.; Besl, R. (2008): *Supplier Risk Management in der Automobilindustrie - Risiken im Vorfeld erkennen - Beschaffung aktuell*. Hg. v. Beschaffung aktuell. Online verfügbar unter https://beschaffung-aktuell.industrie.de/allgemein/risiken-im-vorfeld-erkennen/, zuletzt geprüft am 17.11.2017.

Hermes Team (2017): *Hermes Barometer: Transparenz in der Supply Chain*. Online verfügbar unter https://newsroom.hermesworld.com/hermes-barometer-transparenz-supply-chain-80-prozent-lassen-potential-zum-nachhaltigen-wirtschaften-ungenutzt-12919/, zuletzt geprüft am 18.11.2017.

Herrmann, J. (2010): *Supply Chain Scheduling* In: Gabler Verlag.

Horváth, P. (2016): *Business Analytics. Der Weg zur datengetriebenen Unternehmenssteuerung*. Internationaler Controller Verein. Online verfügbar unter https://www.icv-control-ling.com/fileadmin/Assets/Content/AK/Ideenwerkstatt/Dream_Car_Business_Analytics_DE.pdf.

Huth, M.; Romeike, F. (2015): *Risikomanagement in der Logistik. Konzepte – Instrumente – Anwendungsbeispiele* In: Springer Fachmedien Wiesbaden.

Intel IT Center (2012): *Einführung in Big Data: Die Analyse unstrukturierter Daten. Ein Schnellkurs zum IT-Umfeld für Big Data und neuen Techniken*. Online verfügbar unter https://www.intel.de/content/dam/www/public/emea/de/de/pdf/unstructured-data-analytics-paper.pdf.

ISO/IEC 31010 (2009): *Risk management. Risk Assessment techniques. International Organization for Standardization.*

Junginger, M. (2005): *Wertorientierte Steuerung Von Risiken Im Informationsmanagement* In: Deutscher Universitätsverlag.

Jürgens, D.; Grünert, T. (2013): *Logistik Management. Supply Chain Management und e-Business* In: Vieweg+Teubner Verlag.

Jüttner, U.; Peck, H.; Christopher, M.&rfe_dat=bpr3.included=1; bpr3.tags=Other,Economics, Civil Engineering (2003): *Supply chain risk management: outlining an agenda for future research* (6).

Jüttner, Uta (2005): *Supply chain risk management: Understanding the business requirements from a practitioner perspective* (16).

Kajüter, P. : *Risikomanagement in der Supply Chain. Ökonomische, regulatorische und konzeptionelle Grundlagen.* In: Vahrenkamp R, Siepermann C, Erich Schmidt Verlag GmbH & Co, S. 13–27.

Kajüter, Peter (2003): *Instrumente zum Risikomanagement in der Supply Chain* In: Gabler Verlag. Online verfügbar unter https://link.springer.com/content/pdf/10.1007%2F978-3-322-84528-3_5.pdf.

Karrer, Michael (2006): *Supply Chain Performance Management. Entwicklung und Ausgestaltung einer unternehmensübergreifenden Steuerungskonzeption.* 1. Aufl. Wiesbaden In: Dt. Univ.-Verl. (Gabler-Edition Wissenschaft : Supply Chain Management).

Kersten, W. (2008): *Robuste und sichere Logistiksysteme.* Hg. v. H. Pfohl. Wissenschaft und Praxis im Dialog Bundesvereinigung Logistik Wissenschaftssymposium Logistik. München (Schriftenreihe Wirtschaft & Logistik).

Kersten, W.; Hohrath, P. et al. (2008): *Risikomanagement in Werschöpfungsnetzwerken - Status quo und aktuelle Herausforderungen.* Wirtschaft und Management. Online verfügbar unter http://www.fh-vie.ac.at/var/em_plain_site/storage/original/application/e580f9ab6417bb935838b5ad5219c1e9.pdf, zuletzt geprüft am 01.11.2017.

Kersten, W.; Hohrath, P. (2008): *Supply Chain Risk Management als Element der Produktionsstrategie*. In: Dieter Specht (Hg.): Strategische Bedeutung der Produktion. Tagungsband der Herbsttagung 2006 der Wissenschaftlichen Kommission Produktionswirtschaft im VHB. Wiesbaden: Deutscher Universitäts-Verlag GWV Fachverlage GmbH, Wiesbaden, S. 43–59.

Kersten, W.; Institut für Logistik und Unternehmensführung (2009): *Supply chain risk management navigator. Schlussbericht zum Projekt ; Juli 2007 - Juni 2009.*

Kersten, W.; Schröder, M. et al. (2017): *Potenziale der Digitalisierung für das Supply Chain Risikomanagement. Eine empirische Analyse.* In: Mischa Seiter, Lars Grünert und Sebastian Berlin (Hg.): Betriebswirtschaftliche Aspekte von Industrie 4.0. Wiesbaden: Springer Gabler (SpringerLink : Bücher), S. 47–74.

Kless, Thomas (1998): *Betriebswirtschaft - Beherrschung der Unternehmensrisiken: Aufgaben und Prozesse eines Risikomanagements* (Deutsches Steuerrecht : DStR, 001213472051313361998393).

Königs, Hans-Peter (2017): *IT-Risikomanagement mit System. Praxisorientiertes Management von Informationssicherheits-, IT- und Cyber-Risiken.* 5., überarbeitete und erweiterte Auflage. Wiesbaden In: Springer Vieweg (<kes>).

Kreutzer, R. T. (2016): *Online-Marketing* In: Springer Fachmedien Wiesbaden.

Krumm, A. (2017): *Real-Life FOPM: Changing your Organisational Outlook.* Online verfügbar unter http://www.cortell.co.za/real-life-fopm-organisational-outlook/, zuletzt geprüft am 13.10.2017.

Kugeler, M. (2003): *Supply Chain Management und Customer Relationship Management — Prozessmodellierung für Extended Enterprises.* In: Jörg Becker, Martin Kugeler und Michael Rosemann (Hg.): Prozessmanagement. Ein Leitfaden zur prozessorientierten Organisationsgestaltung. Berlin, Heidelberg: Springer Berlin Heidelberg; Imprint; Springer, S. 469–505.

Lenz, T.; Neumann-Szyschka, P.D.J.; Kramer, P.D.J.W. (2008): *Supply Chain Management und Supply Chain Controlling in Handelsunternehmen* In: Salzwasser-Verlag.

Leveling, Jens; Schier, Arkadius; Luciano, Francesco; Otto, Boris (2014): *Konzeption eines proaktiven Risikomanagements in Logistiknetzwerken* (2014).

Macaulay, J.; Kückelhaus, M. (2015): *INTERNET OF THINGS IN LOGISTICS. A collaborative report by DHL and Cisco on implications and use cases for the logistics industry.* DHL Trend Research. Online verfügbar unter http://www.dpdhl.com/content/dam/dpdhl/presse/pdf/2015/DHLTrendReport_Internet_of_things.pdf, zuletzt aktualisiert am 19.10.2017.

Mandewirth Dr., S. (2012): *End-to-End-Prozessorganisation ist der Schlüssel zu operativer Exzellenz | chemanager-online.com - Chemie und Life Science.* Hg. v. Wiley-VCH Verlag GmbH & Co. KGaA. Online verfügbar unter http://www.chemanager-online.com/news-opinions/nachrichten/end-end-prozessorganisation-ist-der-schluessel-zu-operativer-exzellenz, zuletzt geprüft am 13.10.2017.

Martin Christopher Hau Lee (2004): *Mitigating supply chain risk through improved confidence* (34).

Mauerer, J. (2015): *Big-Data-Trends im Überblick. Was ist was bei Predictive Analytics?* Online verfügbar unter https://www.computerwoche.de/a/was-ist-was-bei-predictive-analytics,3098583, zuletzt geprüft am 29.09.2017.

Meierbeck, R. (2010): *Strategisches Risikomanagement der Beschaffung. Entwicklung eines ganzheitlichen Modells am Beispiel der Automobilindustrie* In: Eul.

Meinke, A. (2007): *Cost Oriented Supply Chain Management and Supply Chain Controlling. Combination and Configuration of Instruments* In: Shaker.

Menn, A. (2014): *Innovationspreis: Sieger Großunternehmen: Otto - das Online-Orakel.* Hg. v. Wirtschaftswoche. Online verfügbar unter http://www.wiwo.de/technologie/forschung/innovationspreis-sieger-grossunternehmen-otto-das-online-orakel/9716214.html, zuletzt aktualisiert am 22.10.2017, zuletzt geprüft am 22.10.2017.

Münkler, H.; Bohlender, M.; Meurer, S. (2015): *Sicherheit und Risiko. Über den Umgang mit Gefahr im 21. Jahrhundert* In: transcript Verlag.

NC4 (2017): *Supply Chain Risk Management | Risk Management Awareness.* Online verfügbar unter http://nc4.com/Pages/supply-chain-risk-management.aspx, zuletzt geprüft am 22.10.2017.

Neiger, Dina; Rotaru, Kristian; Churilov, Leonid (2009): *Supply chain risk identification with value-focused process engineering* In: Elsevier (27).

Nieschlag, Robert; Dichtl, Erwin; Hörschgen, Hans (1997): *Marketing*. 18. Aufl. Berlin In: Duncker & Humblot.

Niesen, T.; Houy, C. et al. (2016): *Towards an Integrative Big Data Analysis Framework for Data-Driven Risk Management in Industry 4.0*. In: Tung X. Bui und Ralph H. Sprague (Hg.): Proceedings of the 49th Annual Hawaii International Conference on System Sciences. 5-8 January 2016, Kauai, Hawaii. 2016 49th Hawaii International Conference on System Sciences (HICSS). Koloa, HI, USA, 5/1/2016 - 8/1/2016. Hawaii International Conference on System Sciences; Annual Hawaii International Conference on System Sciences; HICSS. Piscataway, NJ, Piscataway, NJ: IEEE, S. 5065–5074.

Obermaier, R. (2017): *Industrie 4.0 als unternehmerische Gestaltungsaufgabe. Betriebswirtschaftliche, technische und rechtliche Herausforderungen* In: Springer Fachmedien Wiesbaden.

Oliver, R. K.; Webber, D. : *Supply-chain management: logistics catches up with strategy*. In: Christopher.

Österreich, I.I.R. (2013): *Das unternehmensweite Risikomanagementsystem. Aus der Sicht der Internen Revision*.

Otto, Andreas; Kotzab, Herbert (2001): *Der Beitrag des Supply Chain Management zum Management von Supply Chains — Überlegungen zu einer unpopulären Frage* (53).

Paulsson, U. : *Supply Chain Risk Management*. In: Brindley, C., S. 79–98.

Pöhlmann, K.-H. (2016): *Lieferkette: So mindern Sie Risiken*. Hg. v. Riskmethods. Online verfügbar unter https://www.riskmethods.net/presseartikel/2016-04_bip2_2016_risikomanagement.pdf, zuletzt geprüft am 16.11.2017.

Poluha, R. G. (2010): *Quintessenz des Supply Chain Managements. Was Sie wirklich über Ihre Prozesse in Beschaffung, Fertigung, Lagerung und Logistik wissen müssen* In: Springer Berlin Heidelberg.

Poppe, R. (2016): *Kooperationsplattformen für das Supply Chain Management. Gestaltungsempfehlungen für die kooperative Koordination der Supply Chain* In: Springer Fachmedien Wiesbaden.

Porter, Michael E. (1999): *Wettbewerb und Strategie*. München In: Verlagshaus Goethestrasse [Econ].

Porter, Michael E. (2014): *Wettbewerbsvorteile. Spitzenleistungen erreichen und behaupten*. 8. durchgesehene Auflage Auflage. [Frankfurt am Main] In: Campus Frankfurt / New York.

Riskmethods (2013): *Studie - ROI von Supply Chain Risk Management*. Online verfügbar unter https://www.riskmethods.net/resources/whitepaper/studie-roi-supply-chain-risk-management_riskmethods.pdf, zuletzt geprüft am 18.11.2017.

RiskNET GmbH (2014): *Studie: Supply Chain Management 2014. Methoden im Supply-Chain-Risk-Management unbekannt*. Online verfügbar unter https://www.risknet.de/themen/risknews/methoden-im-supply-chain-risk-management-unbekannt/f90555008b682b1f38a74abb7185e5aa/, zuletzt geprüft am 22.11.2017.

RiskNET GmbH (2017): *Risk-Management-Prozess - RiskNET - The Risk Management Network*. Online verfügbar unter https://www.risknet.de/wissen/risk-management-prozess/, zuletzt geprüft am 12.11.2017.

Romeike, F.; Finke, R. (2013): *Erfolgsfaktor Risiko-Management. Chance für Industrie und Handel Methoden, Beispiele, Checklisten* In: Gabler Verlag.

Romeike, Frank; Hager, Peter (2013): *Erfolgsfaktor Risiko-Management 3.0. Methoden, Beispiele, Checklisten ; Praxishandbuch für Industrie und Handel*. 3. Aufl. Wiesbaden In: Springer Gabler (RiskNET).

Rümcnapp, T. (2013): *Strategische Konfigurationen von Logistikunternehmen. Ansätze zur konsistenten Ausrichtung in den Dimensionen Strategie, Struktur und Umwelt* In: Deutscher Universitätsverlag.

Salzig, C. (2016): *Was ist Big Data? – Eine Definition mit fünf V*. Online verfügbar unter https://blog.unbelievable-machine.com/was-ist-big-data-definition-f%C3%BCnf-v, zuletzt geprüft am 20.11.2017.

Schlegel, Gregory L.; Trent, Robert J. (2015): *Supply chain risk management. An emerging discipline*. Boca Raton [u.a.] In: CRC Press (Series on Resource Management).

Scholz, F.; Schuler, A.; Schwintowski, H. P. (2009): *Risikomanagement der Öffentlichen Hand* In: Physica-Verlag HD.

Schöning, Stephan; Göğüş, E. Handan Sümer; Pernsteiner, Helmut (2017): *Risikomanagement in Unternehmen. Interkulturelle Betrachtungen zwischen Deutschland, Österreich und der Türkei.* Wiesbaden, Germany In: Springer Gabler.

Schröder, M.; Inforf, M. et al. : *INDUSTRY 4.0 AND ITS IMPACT ON SUPPLY CHAIN RISK MANAGEMENT.* In: Kabashkin IV, Yatskiv IV (eds) Proceedings of the 14th International Conference "Reliability and Statistics in Transportation and Communication", S. 114–125. Online verfügbar unter http://www.tsi.lv/sites/default/files/editor/science/Conferences/RelStat 14/schroeder_indorf_kersten.pdf, zuletzt geprüft am 22.10.2017.

Seibold, H. (2006): *IT-Risikomanagement* In: Oldenbourg.

Seidel, B. (2015): *Big Data deckt auf.* FERCHAU Engineering. Online verfügbar unter https://www.ferchau.com/de/de/blog/details/2015/04/10/geheimwaff e-gegen-risiken-in-der-lieferkette/, zuletzt geprüft am 19.10.2017.

Seifert, Wolfgang (2005): *RFID in der Logistik. Dokumentation des BVL-Arbeitskreises "RFID in der Logistik" : [Erfolgsfaktoren für die Praxis].* Hamburg In: Deutscher Verkehrs Verlag (Schriftenreihe Wirtschaft & Logistik).

Seiter, M.; Grünert, L.; Berlin, S. (2017): *Betriebswirtschaftliche Aspekte von Industrie 4.0* In: Springer Fachmedien Wiesbaden.

Sendler, U. (2013): *Industrie 4.0. Beherrschung der industriellen Komplexität mit SysLM* In: Springer Berlin Heidelberg.

Sennheiser, Andreas (2008): *Wertorientiertes Supply-chain-Management. Strategien zur Mehrung und Messung des Unternehmenswertes durch SCM ; mit 16 Tabellen.* Berlin, Heidelberg, New York, NY In: Springer, XVIII, 449 S. (VDI).

Specht, Dieter (2008): *Strategische Bedeutung der Produktion. Tagungsband der Herbsttagung 2006 der Wissenschaftlichen Kommission Produktionswirtschaft im VHB.* Wiesbaden In: Dt. Univ.-Verl. (Gabler Edition Wissenschaft : Beiträge zur Produktionswirtschaft).

Spierling, D. (2016): *Datengetriebene Dienstleistungen machen die Industrie wettbewerbsfähiger.* Hg. v. Fokus. Online verfügbar unter https://www.springerprofessional.de/industrie-4-0/datengetriebene-dienstleistungen-machen-die-industrie-wettbewerb/10519716, zuletzt geprüft am 14.09.2017.

Stadtler, Hartmut; Kilger, Christoph (2005): *Supply chain management and advanced planning. Concepts, models, software and case studies.* 3rd ed. Berlin, New York In: Springer.

Staib, C. (2016): *Erfolgsfaktor Supply Chain Visibility: Gartner nennt SupplyOn als Best Practice - SupplyOn.* Online verfügbar unter https://www.supplyon.com/de/blog/supply-chain-visibility-gartner-nennt-supplyon-als-best-practice/, zuletzt geprüft am 29.09.2017.

Stelzl, A. (2015): *Prognose von Herstellkostenschwankungen mit Predictive Analytics.* Hg. v. CGI Deutschland Ltd. & Co. KG. Online verfügbar unter https://www.doag.org/formes/pubfiles/8565426/2016-DWH-Alfred_Stelzl-Prognose_von_Kostenschwankungen_mit_Predictive_Analytics-Manuskript.pdf, zuletzt geprüft am 13.10.2017.

Stewens, Michael (2005): *Gestaltung und Steuerung von Supply Chains.* 1. Aufl. Lohmar, Köln In: Eul (Produktionswirtschaft und Industriebetriebslehre, Bd. 14).

Stüllenberg, F. (2005): *Konzeption eines modularen Kooperationscontrolling* In: NWB, Verlag Neue Wirtschafts-Briefe.

Sucky, Eric (2004): *Koordination in Supply Chains. Spieltheoretische Ansätze zur Ermittlung integrierter Bestell- und Produktionspolitiken.* Wiesbaden In: Deutscher Universitätsverlag (Produktion und Logistik).

TeDo Verlag GmbH (2014): *Gefahren für die Lieferkette auf dem Bildschirm sehen - Seite 2 von 2 - IT&Production.* Online verfügbar unter https://www.it-production.com/allgemein/weltweite-nachrichten-als-informationsquellegefahren-fuer-die-lieferkette-auf-dem-bildschirm-sehen/2/, zuletzt geprüft am 19.10.2017.

Thun, Jörn-Henrik; Hoenig, Daniel (2011): *An empirical analysis of supply chain risk management in the German automotive industry* In: Elsevier (131).

Traunfellner, A. (2003): *Der Informationsfluss in der Supply Chain.* Hg. v. FACT Consulting.

Uniserv GmbH (2016): *Predictive Analytics: Der Blick in die Kristallkugel 2.0.* Online verfügbar unter https://www.uniserv.com/unternehmen/blog/detail/article/predictive-analytics-verlaessliche-vorhersagen-statt-wilde-spekulation/, zuletzt aktualisiert am 04.07.2016, zuletzt geprüft am 13.10.2017.

Vahrenkamp, R. (2007): *Risikomanagement in Supply Chains. Gefahren abwehren, Chancen nutzen, Erfolg generieren* In: Schmidt.

Vahrenkamp, R.; Kotzab, H. (2012): *Logistik. Management und Strategien* In: De Gruyter.

van Bonn, B. (2014): *BIG DATA FÜR EINE OPTIMIERTE SUPPLY CHAIN. Wie verbessert sich die Planung und Gestaltung von Supply-Chain Netzwerken durch den Einsatz von Big-Data Verfahren.* Hg. v. Fraunhofer-Institut für Materialfluss und Logistik, IML. GT Nexus Europe GmbH. Dortmund. Online verfügbar unter https://www.industrie40.iml.fraunhofer.de/content/dam/iml/industrie40/de/documents/Studien/140714_Positionspapier_BigData4.pdf, zuletzt geprüft am 20.11.2017.

Vanini, U. (2012): *Risikomanagement. Grundlagen, Instrumente, Unternehmenspraxis* In: Schäffer-Poeschel.

Vogel Business Media GmbH & Co. KG (2014): *Unstrukturierte Daten sind Tickets für den Geschäftserfolg.* Vogel Business Media GmbH & Co. KG. Online verfügbar unter https://www.bigdata-insider.de/unstrukturierte-daten-sind-tickets-fuer-den-geschaeftserfolg-a-460995/, zuletzt geprüft am 20.11.2017.

Völker, Rainer; Neu, Jens (2008): *Supply chain collaboration. Kollaborative Logistikkonzepte für Third- und Fourth-Tier-Zulieferer.* Heidelberg In: Physica-Verl.

Völklein, T. (2005): *Konzeption und Realisierung eines Prototypen „Multi-Tier-Supplier-Integration" im Automotive-Umfeld auf Basis SAP Netweaver* In: Diplom.de.

Wagner, S. M.; Kemmerling, R. et al. (2010): *Supply Chain Risikomanagement. Besonderheiten und Herausforderungen für kleine und mittlere Unternehmen.* In: Corinna Engelhardt-Nowitzki, Olaf Nowitzki und Helmut Zsifkovits (Hg.): Supply Chain Network Management. Gestaltungskonzepte und Stand der praktischen Anwendung. Wiesbaden: Gabler Verlag / GWV Fachverlage, Wiesbaden (Gabler research), S. 97–116.

Wagner, Stephan M.; Bode, Christoph (2007): *Empirische Untersuchung von SC-Risiken und SC-Risikomanagement in Deutschland* (Risikomanagement in Supply Chains : Gefahren abwehren, Chancen nutzen, Erfolg generieren. - Berlin : Schmidt, ISBN 978-3-503-10041-5. - 2007, p. 59-79).

Waters, D. (2011): *Supply Chain Risk Management. Vulnerability and Resilience in Logistics* In: Kogan Page.

Weber, K. (2015): *Analyse der Auswirkungen des RFID-Einsatzes in den Supply Chain Prozessen. Planung, Beschaffung, Herstellung und Lieferung* In: Bod Third Party Titles.

Wellbrock, W. (2015): *Innovative Supply-Chain-Management-Konzepte. Branchenübergreifende Bedarfsanalyse sowie Konzipierung eines Entwicklungsprozessmodells* In: Springer Fachmedien Wiesbaden.

Wels, Andreas (2008): *Quantifizierung von Lieferzeitabweichungen zur Unterstützung eines effektiven Supply-chain-Risikomanagements.* Estenfeld In: CfSM (Production and supply management, Bd. 1).

Werner, H. (2002): *Grundlagen, Strategien, Instrumente und Controlling.* In: Hartmut Werner (Hg.): Supply Chain Management. Grundlagen, Strategien, Instrumente und Controlling. 2., vollst. überarb. und erw. Aufl. Wiesbaden. Gabler (Gabler-Lehrbuch), S. 1–34.

Werner, Hartmut (2013): *Supply Chain Management. Grundlagen, Strategien, Instrumente und Controlling.* 5., überarb. u. erw. Aufl. 2013. Wiesbaden In: Springer Fachmedien Wiesbaden.

Wiederkehr, B.; Züger, R. M. (2010): *Risikomanagementsystem im Unternehmen. Grundlagen mit zahlreichen Beispielen, Repetitionsfragen und Antworten* In: Compendio Bildungsmedien.

Wolf, K.; Runzheimer, B. (2013): *Risikomanagement und KonTraG. Konzeption und Implementierung* In: Gabler Verlag.

World Economic Forum (2012): *Global risks 2012*. 7th ed. Cologny/Geneva, Switzerland In: World Economic Forum (Insight report).

Wu, Teresa; Blackhurst, Jennifer; Wu, Tong (2009): *Managing supply chain risk and vulnerability. Tools and methods for supply chain decision makers*. London In: Springer, 1 online resource (XI, 232 S. :).

Ziegenbein, A.; Schönsleben, P. (2007): *Supply Chain Risiken* In: vdf, Hochschulverl. an der ETH.

Zillmann, M. (2016): *Keine Industrie 4.0 ohne Digitalisierung der Supply Chain. Intelligente Logistikdienstleistungen für die Fertigungsindustrie*. Lünendonk GmbH. Mindelheim.